中世奇人列伝

今谷 明

草思社文庫

中世奇人列伝

目次

はじめに

私は日本中世史を専門としていて、かけだしの、大学院生や助手時代の若い頃から、もっぱら政治史を研究の対象としてきた。歴史は人間の営みの結果である以上、人々がどのような考え方をもち、どのように行動したかが、政治の核心のテーマであったはずだが、そのように悟ったのは比較的近年のことであって、若いときは人物論にはあまり関心がなかった。

そのような筆者の若年時の考え方は、私が元来経済史学の畑で育った（学部学生の頃）こと、「歴史は個人がつくる」という考え方にかなり抵抗を抱いていたことと関係があるかもしれない。

私のその頃の研究対象は、幕府の制度とか、地方の守護大名の統治機構とか、そういう集団のあり方ばかりに関心が向かっていたのだった。いまになってふりかえってみると、当時は意識的にそうしていたのだろう。人物論などは学問の対象にならない、といった考え方が頭のどこかにあって離れなかったように思われるのである。

ところが、馬齢を重ねて年を食ってくると、史上に活躍した人々の生き方、考え方といった面に強く興味が向かうようになってきた。それは人並みに人生経験を積み、世の中とはかならずしも理屈どおりに動くものではない、人の世は不条理の連続であると感じるようになってきたことが関係しているのかどうか、ともかく個人の生き方にひどく気を引かれて、伝記的興味がしきりにそそられるのである。

それも、私の場合は、義満とか、信長とか、そういったいわゆる英雄や著名人ではなく、その脇役か、あるいはまったく無名の、または多少有名でも意外な面が人に知られていない、といった本筋からはずれた人々に思い入れが向かうのである。

商売柄、古文書や古記録（日記）など、古い時代の人々によって書かれた文章を読み、眺めることが仕事の大部分を占めるのだが、そうしたとき、「あれ、この事実はいままで知られてなかったな！」とか、「この人物がこんなことをやっていたのか」と、未知の事実に驚かされることが多い。

しかし専門家の業務である論文に使えないとなると、右のような大小のエピソードは、打ちすててそのままになることがほとんどである。しかし、メモなど取らなくても、妙にそんな記事や思いつきこそ記憶に残るもので、授業の余談などで学生に話し、反応があるとなると今度は、「一般の人々にも知ってもらいたい」と、つい欲が出てくることになる。

今回、編集子から連載の要望があったのを機会に、そうした〝主流はずれ〟の人物論をテーマにすえることにした（本書は月刊『草思』に連載されたものがもとになっている）。そうした人々の種々の「生きざま」を通観することにより、中世とはどのような時代・社会であったのかが少しでも浮かびあがってくるようになれば、この企画は成功であるかもしれない。

なお、雑誌連載時は、原史料（古記録）の引用個所を漢文読み下しで掲げてあったが、一般読者には難解であるため、本書では多くを現代語訳した。翻訳が困難な部分は思い切って意訳したものもあるので御了解を得たい。

また、本書でいう〝奇人〟とは、今日いう奇人・変人の意味ではかならずしもない。数奇なる運命をたどった人、常人とは少し変わった生き方をした人物、というくらいに受けとっていただければ幸いである。

法印尊長

幕府に楯突いた院近臣

（一一六六年—一二二七年）

屋敷を固める僧兵（『天狗草紙絵巻』東京国立博物館蔵）

華麗な家系

もし読者のあいだに尊長《そんちょう》という僧侶の名前を聞いたことのある人がおられるとすれば、その人は専門家か、そうでなければよほどの歴史マニアだろう。しかしこの人物は、じつは史上有名な〝承久《じょうきゅう》の乱〟の黒幕で、京都方の「参謀総長」的立場にあった、といえばまた驚かれるかもしれない。

クーデター的な事件においては、不思議と僧侶が黒幕であることが多い。鹿ヶ谷《ししがたに》陰謀事件の俊寛僧都《しゅんかんそうず》、以仁王《もちひとおう》の挙兵（治承《じしょう》・寿永《じゅえい》の内乱）における文覚《もんがく》、といえばいずれもおなじみであろう。ではなぜ尊長だけが無名のままなのだろうか。その辺の事情にもおいおい触れながら、ともあれこの人物の軌跡をたどってみることにしよう。

彼の名が最初に記録に現れるのは、平氏政権が壇ノ浦で滅亡した元暦《げんりゃく》二年（一一八五）の五月のことで、九条兼実《くじょうかねざね》の日記『玉葉《ぎょくよう》』に、天台宗の本拠地、比叡山の重要な仏事である最勝講《さいしょうこう》の聴衆としてその名がみえる。

したがって彼は天台僧侶として史上に登場することになる。彼の年齢は、叡山高僧の法系を解説した『血脈類集記《けつみゃくるいじゅうき》』という史料に、建久《けんきゅう》七年（一一九六）三十一歳であったとみえるから、清盛の権勢がさかんであった一一六六年の出生であったことがわかる。

尊長は下流公家、一条能保《よしやす》の男子として生まれた。いっぽう、母は源頼朝の同母妹である。つまり、尊長は源義朝《よしとも》には外孫、頼朝には甥《おい》にあたり、源平争乱期（平安末、鎌倉初期）という時代にあって、彼は並々ならぬ血筋のもとに生まれたことになる。

そればかりではない。

彼の姉妹のうち一人は摂政九条良経《よしつね》の妻となって道家《みちいえ》を生み、また一人は、のち関《かん》東申次《とうもうしつぎ》となって公家界に権勢をほこった西園寺《さいおんじ》公経《きんつね》と結婚し、実氏《さねうじ》を生んだ。道家の息子の一人は九条頼《より》経《つね》で、承久の乱（以下「承久役」と略す）のときは、鎌倉幕府トップの将軍である。また娘の一人は順徳上皇の嫡妻《ちゃくさい》となり、仲恭《ちゅうきょう》天皇（九条廃

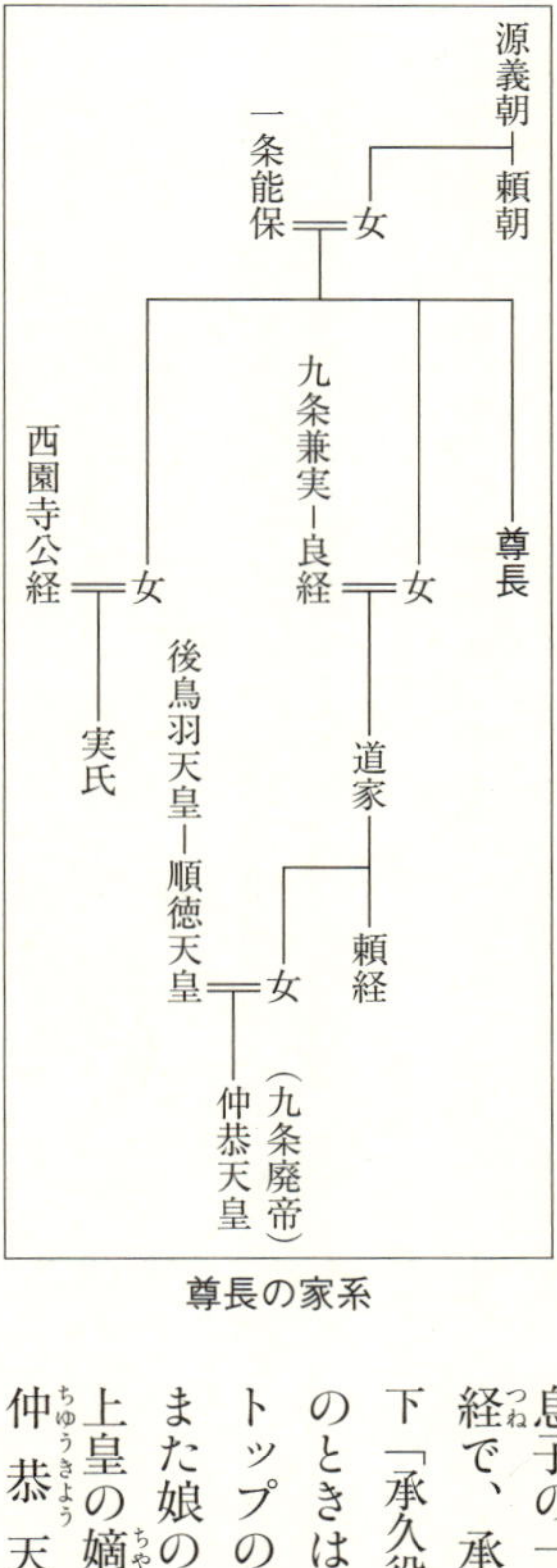

尊長の家系

帝）を生んだ。

要するに、承久役の勃発時、摂政、上皇、天皇、将軍、関東中次という重職にあった人々はすべて彼の近い係累だったのである。

どうして彼の一家が、このような華麗な係累で彩られているかといえば、すべては頼朝の存在であったといえる。

尊長の妹の一人が、摂政九条兼実の次男良経の妻となったのも、別の妹が西園寺公経の妻となったのも、すべて頼朝の推薦のおかげである。幕府の創設者頼朝は、京都の朝廷を関東に都合よく運営するため、こうした政略婚を推進したのである。

尊長の父一条能保は、しがない藤原北家の末流公卿にすぎなかったが、頼朝にとっては京都対策の要《かなめ》となる重要な人物であった。一条能保は文治《ぶんじ》二年（一一八六）、北条時政に替わって京都守護に就任した。右兵衛督《うひょうえのかみ》という朝廷の官職につきながら、同時に鎌倉幕府の出先機関の長を兼ねることになったのである（京都守護は六波羅探題の前身）。

以上のように、尊長の父は源頼朝の妹婿にあたり、尊長の妹二人は、九条良経、西園寺公経という親幕派公家に嫁いでおり、どうみても一家は鎌倉幕府と深い縁戚《えんせき》ということになる。それがこともあろうに、幕府転覆の陰謀である承久役に深くかかわり、後鳥羽上皇の黒幕となったのはどうしてなのだろうか。それを述べる前に、まず尊長の僧侶としての経歴をふりかえってみることにしたい。

尊長は先述の最勝講の聴衆を勧めたあと、翌年の最勝講では問者《もんじゃ》を勧めている。問者とは法会《ほうえ》の問答師であり、聴衆よりも格上である。

また文治四年（一一八八）末には、後白河上皇の六条仙洞《せんとう》御所が完成したにつき、移徙《わたまし》（転居）を祈念するため行われた「転読八湯経《てんどくはっとうきょう》供養」という仏事の阿闍梨《あじゃり》（導師）を初めて勧めた。阿闍梨といえば、数人から数十人の伴僧をしたがえて法会を指揮する高僧であって、尊長が順調に天台僧として出世の道を歩んでいる状況がうかがえる。

しかしこの頃から、やり手の彼の俊敏な辣腕《らつわん》ぶりが目についてきたようで、摂政の九条兼実（妹の舅《しゅうと》にあたる）には気に入られなかった。建久六年（一一九五）五月、兼実は尊長の父能保入道の邸を訪れ、申し入れを行った。以下は『玉葉』からの意訳である。

　主人に説教を試みた。一応納得して受入れてはくれたようだ。彼の息子の尊長「落着かない子息だ」が僧綱《そうごう》の法官を所望しているが、これは身分不相応の高望みである。これが説教の第一条である。

尊長は問答師や導師などのたんなる宗教者への道に満足せず、山門教団の幹部である「僧綱」のポストを望んだが、そのポストを与えるのは無理だと兼実は告げたのである。

ところで、摂政の兼実は、尊長の人物について、情報をどこから得ていたのであろうか。兼実の弟は歌人で有名な、大僧正慈円《だいそうじょうじえん》（慈鎮《じちん》）である。おそらく弟の慈円を通じて、兼実は尊長の人となりを聞いていたにちがいない。尊長はこのとき三十歳であったから、彼が早くして野心家であり、世俗的才能を発揮することを望んでいたことがわかる。

法勝寺の執行

こうして尊長は、当分のあいだ、叡山の修行僧として下積みの生活を続けることになった。僧綱への望みを絶たれた翌建久七年（一一九六）五月には、天皇の御所である閑院内裏《かんいんだいり》において、天変を禳《はら》う「大北斗法」が、道法法親王《ほっしんのう》の阿闍梨の下で挙行されたが、尊長は十九人の伴僧の末席に加えられたにすぎなかった（『御室相承記《おむろそうじょうき》』）。

そうこうするうち、翌建久八年、父能保が死去し、ついで嫡男高能《たかよし》も病死したため、一条家は断絶したかたちとなり、幕府は朝廷内に足がかりを失った。さらに建久九年（一一九八）、後鳥羽天皇が皇子土御門《つちみかど》天皇に譲位すると、土御門の外戚《がいせき》源通親《みちちか》が朝廷の実権を掌握し、一条能保に関係のある人々は朝廷から一掃されてしまった。

こうして尊長が山門（延暦寺）内で出世する道はすべて閉ざされたかにみえた。

つぎに尊長が記録に登場するのは、正治《しょうじ》二年（一二〇〇）七月のことである。この月十六日、前左大臣藤原兼雅《かねまさ》が死去し、葬送が二十日に行われたが、その会葬者に尊長の名があったことが、歌人藤原定家《さだいえ》の日記『明月記《めいげつき》』にみえる。定家にとって兼雅は主人筋にあたる公卿なので、当然彼も参列するべきはずだったが、病気のために参列できず、しかたなく家で使っていた青侍《あおざむらい》を見物にやった。

その彼の語るところはつぎのようである。

> 宗雅・能季朝臣、先陣に歩行《かちゆく》、侍七八人、武士等《ら》を相具《あいぐ》せしむ。又尊長法眼同じく武者数十騎を相具す。但し輿《こし》に乗ると云々。

当時の上流公家の葬送（野辺《のべ》送り）は、多くの武者がつきしたがったらしい。この騎馬行列に、尊長が「数十騎」という多数の人馬を率いて参列したというのである。このときはまだ源通親の権勢時代で、尊長の立場は不利だったはずだが、どうもそうではなさそうで、相当な羽振りをきかせている様子だ。騎馬を率いながら、彼だけが〝輿〟に乗っていたという事実にそれが示されている。

同年十一月、定家が後鳥羽上皇の命で鳥羽殿に参上したとき、馬二疋《ひき》を献上したのだが、そのうち黒いほうの一疋については「尊長法眼進《まいら》する所」と記されている（『明月記』）。このことから、尊長はすでにこの時点で上皇の覚えがめでたかったことが察せられる。

第一、彼が「法眼」という僧位を帯びていることからして、通親との関係は悪くなかったのではないだろうか。能保の一族が失脚の憂き目にあったなかで、彼は僧侶の身分が幸いして、どうやら失脚をまぬがれ、あまつさえ上皇に取り入ることに成功したのではないだろうか。私は尊長が院近臣《いんのきんしん》に就任したのは、これ以前のことではないかと推測するのである。

建仁《けんにん》二年（一二〇二）、源通親が病死すると、摂政が近衛《このえ》基通《もとみち》から九条良経に更迭《こうてつ》された。良経は尊長の妹婿にあたる。通親の死は後鳥羽上皇の専制政治のきっかけになったといわれ、尊長の立場も一層有利になったと考えられる。それは、翌年九月に行われた復任除目《ふくにんじもく》（人事異動）に尊長が山門から呼び出され、仙洞（上皇の御所）に参入している事実（『明月記』）からも推測される。

おそらく尊長は、僧官人事をある程度まかされ、とくに天台関係の僧官人事に関与していたのではなかろうか。なお、このときの記録に、「尊長僧都」と肩書がついているから、彼は法眼から僧都に昇進したことが知られる。時代は、明らかに尊長の前途に開いていたのである。

建永《けんえい》元年（一二〇六）九月、法然《ほうねん》の専修念仏にたいして後鳥羽上皇による弾圧（いわゆる建永の法難）が加えられ、法然は讃岐《さぬき》塩飽嶋《しわくじま》に流されることになるが、定家の日記によると、法然一派の流罪にも尊長が深くかかわっていたことが知られる。承元《じょうげん》二年（一二〇八）四月下旬の『明月記』を見てみよう。

今日、上皇は春日通《かすがどおり》にある尊長の屋敷に行幸あらせられた。（二十三日条）

今日、上皇は行願寺《ぎょうがんじ》の革堂《こうどう》に参詣のあと、尊長の邸に幸《みゆき》になった。（二十七日条）

「上皇」とは、いうまでもなく後鳥羽上皇のことである。尊長は洛中春日通に邸宅を持ち、上皇の臨幸を迎えているのであるから、その豪壮さがしのばれる。なお、彼はやはり院近臣の二条定輔《さだすけ》の妹を正妻としていた（当時、俊寛もそうだが、彼クラスの僧の妻帯はめずらしくない）。また、五日とあけず上皇が訪問していることから、尊長にたいする上皇の信任ぶりがうかがわれる。

このことのあった翌月、尊長は法勝寺《ほっしょうじ》の執行《しぎょう》に任ぜられた。ついにかの俊寛とまったく同じポストに就いたわけである。法官も同じ僧都であった。前月の尊長宅への臨幸を、村山修一氏は「何事か御相談のためと思われる」（同氏著『藤原定家』吉川弘文館）と推測しておられるが、あるいはこの人事に関することであったのかもしれない。

法勝寺は、白河上皇が洛東に営んだ広大な離宮を御願寺としたもので、そこには厖大な天皇家領荘園が寄進されていた。またこの寺には、高さ八十六メートルと推定されている八角九重塔が建立されていた。この塔は、東山を隔てて東側の山科《やましな》から望まれたというから、ケタはずれの高い建物である。日本の木造建築では、最高規模のものと推定されている。なお、この塔は落雷のため南北朝時代に焼失して以後、建てられてはいないが、その基壇は、現在京都市動物園の爬虫類舎に残っているという。

いわば尊長は、日本国王といってもよい上皇の私的財産管理人の長に任ぜられたようなもので、厖大な財貨を左右する地位に就いたことになる。

獅子丸騒動

尊長には、駿牛《すんぎゅう》を飼うという趣味があった。駿馬《しゅんめ》、駿牛はいまでいう高級外車のようなもので、当時は贈り物としてしきりにやり取りされた。権門、貴族の権勢者のあいだでは、名馬、名牛を自慢することが流行していた。『駿牛絵詞《えことば》』という牛ばかりを描いた絵巻物さえ残っている。

尊長の飼牛のうちでは、獅子丸というのが彼の自慢であった。建暦《けんりゃく》二年（一二一二）四月の賀茂祭《かものまつり》に、上皇が「密々《みつみつ》」（内々で）見物されることになり、例によって尊長もつきしたがったが、自慢の逸物《いちもつ》、獅子丸に車を引かせて参列した。事故が起こったのはこの日の暮れ方で、『明月記』『駿牛絵詞』によれば、その経過は以下のようである。

上皇はその日、京都西北郊の紫野《むらさきの》のあたりで祭を見物していた。太政大臣大炊御門《おおいみかど》頼実《よりざね》、上皇の乳母卿二位兼子《かねこ》らがお供をしていたが、ほかに尊長もまじえ、公卿殿上人《てんじょうびと》が多く随行し、「十七両」の牛車《ぎっしゃ》がつらなっていた。祭礼が終わって、上皇がお帰りになることが告げられ、行列は仙洞へと帰途についたが、尊長は、新中納言葉室《はむろ》

『駿牛図断簡』（藤田美術館蔵）

光親《みつちか》の車を抜こうと、愛牛獅子丸を駆けさせた。しかしこの光親という人物は当時めずらしく骨のある公卿であり、つぎのようなエピソードも残っているほどであった。

光親は承久役のさい按察使《あぜち》の官にあり、院近臣の筆頭であったのだが、討幕を企てる上皇にその無謀を説き、何度もきつく戒めていた。しかし上皇は光親が重ねていさめたにもかかわらず、ついに討幕を決心してしまい、やむなく光親は討幕の院宣《いんぜん》を書いた。乱の終結後、彼は院宣を書いた咎《とが》を責められ、一言の弁明もせずに罪を引きうけて幕府に連行され、駿河加古坂《かごさか》で斬られた。しかしその後、光親が上皇をいさめた諌状《かんじょう》数十通が仙洞高陽院《かやのいん》で発見され、冤罪《えんざい》であったことがわかり、北条泰時は「後悔丹腑《たんぷ》を悩ます」（『吾妻鏡《あずまかがみ》』）と記録にあるとおり、その処刑を悔んだという。

さて尊長は、その光親の車を追いかけさせたが、簡単には追いつくことができない。そうこうするうち、一条大宮辺りで尊長の乗車が石につきあたり、転倒して投げ出された。『明月記』によると、

御供《おとも》の牛車がそれぞれ競って走り出した。このとき法印尊長は名牛の獅子丸が牽《ひ》く車に乗っていたが、その走り方が余りに迅《はや》いので、馭者の牛飼童《うしかいわらわ》が四人ともみな道路に投げ出された。車は転倒し、めちゃくちゃに壊れ、尊長は頭を打って出血した。治療のため路傍の小家にかつぎこんだという。

とある。それでも大事にいたらなかったのは彼にとって幸いであった。『駿牛絵詞』はこの獅子丸について、

彼《かの》法印、両度車を破《わり》て、落車名誉の駿牛なり。

と書いている。二度まで主人の尊長を振り落して「名誉の牛」というのだから恐れ入る。この事件は尊長の負けず嫌いと自己顕示欲の強い性格をよく表している。なお

この記録によって、尊長が僧都から法印に昇ったことが知られる。のち二位を授かったので、世に「二位法印」の名で呼ばれた。

寺社紛争の調停

平安末、鎌倉初期は、いわゆる僧兵（当時の言葉では堂衆・大衆などと呼ばれた）による寺社の紛争が最高潮に達した時代である。

もともと、院政という制度も、天皇親政や摂関制では、この頻発する寺社の闘争に対応できないことから出てきた特殊な政治形態なのである。院政がひとたび軌道に乗ると、寺社対策はもっぱら仙洞における議定《ぎじょう》（会議）にゆだねられ、上皇は総合調整君主としてこれを裁いた。幕府が成立すると、新たに、この幕府（武家）を含めた諸権門の利害調整は、やはり上皇の権能として処理されることになった。平安後期からスタートしたこの制度は、結局は、新しい社会勢力の進出によってできた新しい王権によるものであったといえよう。

このような状況下にあって、尊長は山僧出身の院近臣であるから、上皇の勅使としてしばしば寺社紛争の調停に駆りだされた。

『鳥獣人物戯画』に描かれた、当時の仏事の様子（高山寺蔵）

建暦元年（一二一一）八月、上皇が叡山堂衆の譴責《けんせき》を免除し、堂衆とは犬猿の仲にある学侶《がくりょ》がこれを不満として騒ぎ出したときも、尊長は上皇の意をうけて慈円らとともに山上に登って学侶らの慰撫につとめた。しかし尊長の立場は、あくまで院近臣として上皇の命令にしたがってのものであるから、叡山側にとってはかならずしも彼らの利害通りに動いてくれるとはかぎらず、しばしば彼らに不利な処分を押しつけることもあり、しだいに衆徒らに恨まれるようになっていった。

建保《けんぽう》元年（一二一三）八月、山門末寺の清閑寺《せいかんじ》境内に清水寺《きよみずでら》（南都興福寺《こうふくじ》末）が堂舎を建立したことから、南都・北嶺の対立となり、山僧らは祇《ぎ》園長楽寺《おんちょうらくじ》に籠って清水寺を焼き打ちしようとした。そのさいもやはり尊長が調停にあたったが、上皇側の武力である西面《さいめん》武士たちが山僧を捕らえて斬り、彼らの甲冑《かっちゅう》を剝《は》ぎとるなど強硬策に出たため、恨みは尊長に向かい、春日の尊長宅は放火されるとの噂が広まった。

さすがの上皇も、「只《た》だ意に任せ焼かしむべきの由、仰せ」と、尊長の邸宅ぐらいは焼かれてもしかたがないという放任の態度をとらざるを得なかった（実際に焼失したか否かは不明）。このように、賽《さい》の目と鴨川の水と、山法師《やまほうし》は専制君主の上皇をもってしても、どうにもならぬものであった。一九七〇年前後、全共闘はなやかなりし頃、諸大学の荒廃にたいして、政府・文部省がいかに無力であったかを想起していただければ、事情の一半は推測されうると思う。

さて、法勝寺執行を任じた尊長は、その後、蓮華王院《れんげおういん》（三十三間堂）・歓喜光院・最勝四天王院《さいしょうしてんのういん》など歴代上皇の御願寺の執行を兼ね、日吉社《ひえしゃ》・尊勝寺・蓮華王院など、大土地所有寺社の預所《あずかりどころ》（徴税請負人）の地位を併せ、さらに山門諸堂造営料の名目で、備前の任国司（知行国主は後鳥羽上皇）となっている。彼のもとには、全国から厖大な財宝が集中し、その権勢は往時の俊寛どころの騒ぎではなかった。

また建保五年（一二一七）二月、順徳天皇中宮の御産御祈《おさんおいのり》に、烏琵沙摩法《うびさまほう》の阿闍梨《あじやり》をつとめ、高僧としても押しも押されもせぬ存在となっている。

以上の目ざましい尊長の肩書の中でも、画竜点睛というべきは、承久二年（一二二〇）

末、出羽《でわ》羽黒山の総長吏《そうちようり》に任ぜられた事実であった。

羽黒山は修験《しゆげん》の霊場で、しかも当時幕府の地頭支配に抗して紛争を続けていた奥羽の有力寺社勢力である。おそらく上皇は、羽黒山衆徒の武力を取り込みたいというもくろみから、尊長をそのポストに就けたのだろうと推測されている。

尊長が総長吏に就任した承久二年十二月を、討幕計画本格化の指標として、多くの史家は注目している。後年、尊長がその遺言にしたがって葬られた山崎の円明寺《えんみようじ》は叡山無動寺《むどうじ》末で、北嶺修験系の寺院であり、尊長自身、修験に深くかかわっていたことが推測される。こうしてその幕が切って落とされる承久役によって、彼の生涯は一転して波瀾の連続となるのであった。

一条家の没落

一般に承久役の勃発の原因はいろいろと説明されている。

直接の契機は、後鳥羽上皇（以下「上皇」と略す）の愛妾亀菊《かめぎく》の領地をめぐるトラブルで、上皇の命を幕府が拒否したためといわれている。だがもっと広い立場からいうと、さまざまな権勢者たちの総合調整君主として期待されていた上皇が、幕府の実力を過小評価し、専制君主として行動したことに原因があると思われる。

そして上皇と幕府のあいだは、尊皇心あつく、朝廷と幕府の緩衝勢力となっていた将軍源実朝《さねとも》が承久元年（一二一九）に暗殺されて以後、急激に険悪となっていった。

尊長の出自する一条家は、承久役に京方（上皇側）として参加した者が四人、それにたいして鎌倉方（幕府側）として動いた者は、能保《よしやす》の嫡孫（尊長の甥にあたる）である頼氏《よりうじ》ただ一人であった。

一条家没落の原因が、土御門《つちみかど》天皇の外戚源通親《みちちか》の擡頭《たいとう》にあることはさきに触れたが、その背景には、わが娘大姫《おおひめ》を入内《じゅだい》させようとした頼朝の思惑があり（大姫急逝により実現せず）、要するに一条家は頼朝に取り立てられ、また頼朝に見捨てられたかたちとなっていたのである。

頼朝（つまり、幕府）に見放されて後ろ立てを失っては、一条家の人々は上皇に取り入るしか生き残る道がなく、一族の多くが京方についたのは自然な勢いであった。

承久三年（一二二一）四月、上皇の次男順徳天皇が譲位し、その子仲恭天皇が天子の位についた（この新天皇は四歳の幼児で、しかも即位式を挙げないうちに譲位させられたため、長いあいだ天皇とは認められず、半帝または九条廃帝と呼ばれていた。天皇扱いされたのは明治以後である）。

この順徳の譲位は討幕にあたって行動の自由を確保するためであった。順徳譲位の前後から、「洛中静まらず、人恐怖を成す」（『吾妻鏡』）と伝えられ、京中には不穏な空気がみなぎっていたが、はたして五月十四日の夕刻、上皇が法印尊長を呼び、西園《さいおん》寺《じ》公経《きんつね》・実氏《さねうじ》の父子を宮中の弓場殿《ゆばどの》という建物に監禁し、ここに大乱の幕が切って落とされた。

公経は尊長にとっては妹婿にあたるが、関東申次《かんとうもうしつぎ》として親幕公卿の筆頭とみられていたため、血祭りにあげられようとしたのである。一説に上皇は公経を殺そうとしたが、重臣らが押しとどめて監禁の身としたという。

同時に上皇は、〝城南寺《せいなんじ》流鏑馬揃《やぶさめぞろえ》〟と称して畿内近国の兵士に動員を発し、京都守護伊賀光季《みつすえ》の邸を襲撃させるとともに（光季父子は自殺）、討幕の宣旨《せんじ》・院宣を諸国に発して、北条政子・義時らの追討を呼びかけた。

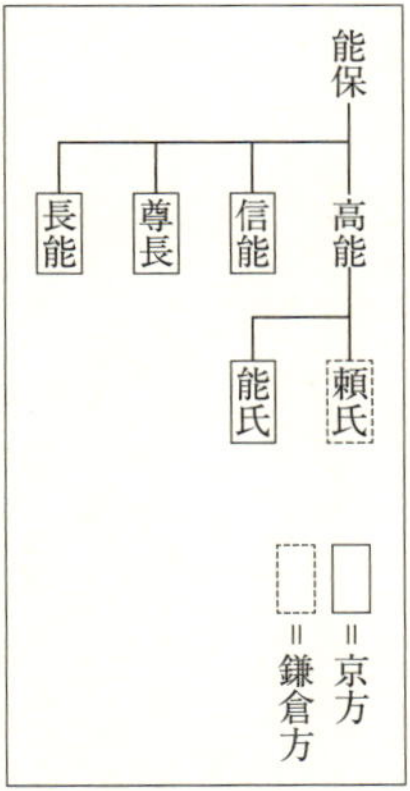

承久役での一条家の立場

公経は早くから上皇の討幕計画に気づいていたようで、監禁される直前、急いで人をやって光季に警告した。光季はただちに飛脚を立てて幕府に急報すると同時に防備を固め、上皇の呼びかけにも応じずに防戦して玉砕したが、やや遅れて公経の家司《けいし》（家来）である三善長衡《みよしながひら》も鎌倉に急を報じ、主人父子の拘禁を伝えた。この間、尊長は仙《せん》洞《とう》高陽院《かやのいん》につめきり、上皇の謀議に加わって討幕軍事の総指揮に忙殺されていたとみられる。

こうして、十四日夕から十五日にかけて、千七百騎の京方武士が動員され、京都守護伊賀光季父子が滅ぼされるという、討幕の第一段階が終わった。これを見届けてから、尊長の甥、一条頼氏はひそかに京都を脱出し、単身鎌倉へと急行した。

さて鎌倉には、四日遅れて十九日の昼、伊賀光季の派した飛脚が到着し、続いて三善長衡の急使も駆けこみ、上皇の挙兵と公経父子の拘禁、京都守護邸の包囲までが伝えられた。しかし情報は断片的で、幕府が全貌を把握するまでにはいたらなかった。詳細は、東海道を約五日間かかって駆け通した一条頼氏によってもたらされたのである。

頼氏は二十一日の正午、北条政子邸に到着した。この緊迫の状況を、『吾妻鏡』はつぎのように伝える。

一条頼氏が、京都から、鎌倉に到着した［去る十六日出京したということだ］御台（北条政子）の屋敷にた

北条政子（安養院蔵）

どり着いた。参議中将信能《のぶよし》以下、一条家の人々がほとんど上皇方に味方したなかにあって、頼氏だけが頼朝との旧縁を忘れず、幕府方に馳せ参じたということだ。御台はその健気《けなげ》さに感動しながらも、頼氏に京都の状況を尋ねた。頼氏は畏《かしこ》まって、詳細を供述した。

このように政子は、頼氏だけが「旧縁を忘れず」駆けつけたことに感銘を受けたのだったが、この頼氏が伝えた京都の状況は、鎌倉にとって容易ならぬもので、政子・義時らは衝撃を受けた。

伊賀光季父子の自殺は予想されたことだが、討幕に加わった武士（京方武士）たちの顔触れを聞いて、義時らは色を失った。

というのも、摂津守護の大内惟信《これのぶ》、近江守護の佐々木広綱、検非違使《けびいし》三浦胤義《たねよし》ら、本来まっさきに鎌倉に馳せ参じるべき御家人中の御家人たちの多くが、上皇の命を奉じて討幕勢力に加わっていたのである。

すなわち、九州を除く西国守護の大半が幕府を裏切ったのであるから、義時らが驚愕したのも無理はない。弱気に傾いた幕府では、一時は、箱根と碓氷《うすい》の両関を封鎖して関東を固守し、それでも敗れたときは、奥州に亡命して抵抗しようかとの意見もあったほどである。

頼朝時代の旧臣の多くはすでに世を去っていたが、幕府創設時に乞われて東下し、法曹官僚として仕えてきた大江広元《おおえのひろもと》・三善康信《みよしやすのぶ》らは健在であった。彼らは京都ではうだつのあがらぬ下級公卿で、幕府に前途を託して支えてきた老臣である。とくに康信は老病を養う身であったが、一大事とばかり奮いたって幕府に出仕し、守勢に傾く義時以下の武家を叱咤《しった》して、ただちに京都へ攻めのぼるよう提案した。

迷っていた義時も、こうなってはやるしかないと、子息の泰時に有り合わせの手勢を与えて京に向かわせた。これが頼氏到着の二日後、五月二十三日のことだが、行軍の途中で参加する武士も多く、軍勢は雪だるま式に激増していった。

幕府方の西上軍が遠江《とおとうみ》辺りに達したとの知らせが京都に伝わると、上皇以下は慌てて迎撃すべく京方の軍勢を東国にさしむけた。このとき尊長は緒戦の成功に油断して、幕府方は自然に瓦解すると踏んでいたようだ。

しかるに案に相違して関東は結束固く、まっしぐらに京都へ向かって攻めのぼってきた。両軍は六月五、六日、美濃の墨俣《すのまた》川摩免戸《まめど》（各務原《かかみがはら》市前渡《まえど》町）で遭遇し、京方は兵力において優勢だったにもかかわらず、戦意旺盛な東軍の前に敗れ去った。京方で奮戦したのは尾張の土豪山田重忠《しげただ》ほとんど一人で、大内・三浦らの有力武将はろくに戦いもせず、六月六日、京都へ敗走した。

尊長逃亡す

美濃での京方敗北の報は、すでに七日、飛脚により仙洞に達していたが、八日早朝には北面武士の藤原秀康、山田重忠らが負傷の体をおして参院し、墨俣川での敗状を奏した。上皇以下の驚愕・狼狽《ろうばい》ぶりは、

貴顕の人々は色を失った。なかでも仙洞の周辺では騒動が起こった。女房・院近臣《いんのきんしん》

や護衛、医者・陰陽師《おんみようじ》の連中まで、あわてふためいた。

と記されている（『吾妻鏡』）。

こうしてはいられないとばかり、上皇は勇を奮い起こし、その日午後、直衣《のうし》（公卿の日常服）の上に腹巻をつけ、日照笠《ひでりがさ》を頭上に、子息の両上皇、六条宮・冷泉宮《れいぜいのみや》の四名を率い、騎馬を仕立てて比叡山へ向かった。

その途中、尊長のいる押小路河原第《おしこうじかわらだい》に立ち寄り、ここで「諸方防戦」、つまり今後の善後策が協議された。尊長宅で軍議が催されたということは、それだけ上皇は尊長を討幕計画の中心人物として信頼していたということである。

上皇の登山の意図は、山門衆徒（僧兵）の武力をたのみにして籠城しようということにあり、幼帝と女官が神器を携えて同行した。尊長の妹婿、公経父子も「囚人の如く召具《めしぐ》さる（連れて行かれる）」とあるように、人質として拉致《らち》された。

登山の途中、尊長はすきを見て公経を殺そうとしたが、察知した実氏が尊長と公経のあいだに割って入り「押隔《おしへだ》ておしへだて」して妨害したので、ついに討ちはたせずに終わった。公経を同行させた上皇の意図は、万一のときは幕府との交渉に使おうとしたものであろう。

しかし上皇の希望もむなしく、山門は上皇の臨幸を迷惑がり、暗に帰洛を勧めたので、やむなく上皇たちは山上に一泊しただけで翌日仙洞にもどった。このとき、公経父子は釈放された。

このような山門の態度は、表向きは、以前、上皇の武力である西面武士たちが山僧を凌辱した怨みという（『増鏡』）が、実際のところは墨俣川の戦況をみて、京方の敗北必至と判断したためであろう。公経の釈放も、上皇が最悪の事態を想定したためとみられる。

それでも尊長は最後の決戦に望みをつなぎ、折りからの梅雨で増水した宇治川を障壁として東軍を防ぐことになり、自ら芋洗《いもあらい》（京都府久世《くせ》郡久御山《くみやま》町）淀《よど》付近で兄一条信能《のぶよし》らと東軍を迎撃する手筈となった。

当時は京都の南方に巨椋《おぐら》池という大きな湖沼があり、幕府軍は瀬田《せた》を避けて宇治田《うじた》原《わら》を迂回し、南方から京都へせまったので、宇治と淀の二カ所が京都防衛の要地となったのである。

このような状況で、南都の僧兵、興福寺や東大寺の衆徒の動向が注目されたが、平氏の南都焼き打ちのあと、その復興に尽くした幕府の力を評価して、「勅定忝《ちょくじょうかたじけな》き事（畏《おそ》れ多い）」ではあるが「関東を討たんこと、仏意に背《そむ》く」と称して中立を表明した。

結局、「事を好む悪僧」少々が私兵として上皇軍に加わるだけに終わったのである。この点は、尊長を寺社勢力の要《かなめ》として期待した上皇の思惑はまったくはずれた恰好となった。

こうして両軍は、六月十五日、増水の宇治川をはさんで激突した。東軍総大将の北条泰時は渡河をあせって何騎もの犠牲をはらったが、結局いかだをつくって押し渡り、宇治の守りは破れ、坂東武者《ばんどうむしゃ》が京都になだれこんだ。

尊長の兄である参議中将一条信能、甥の少将能氏《よしうじ》らはすべて捕らえられたが、尊長は宇治の守りが破れたとの知らせを聞くなり、いち早く姿をくらました。同じ頃、摂津守護大内惟信《これのぶ》、北面武士の棟梁《とうりょう》藤原秀康らの京方武将もどこかへ逃亡した。

京都を占領した泰時は、三上皇（後鳥羽、土御門、順徳）の流刑、新天皇の擁立など、朝廷の粛清を進めるいっぽう、血眼《ちまなこ》になって法印尊長の行方を追及した。後鳥羽上皇が隠岐《おき》に流された直後の七月十三日には、六波羅探題の名で興福寺に尊長の捜索を申し入れている。

八月には兄信能が美濃で斬られ、やや遅れて藤原秀康も河内讃良《ささら》で潜伏中に捕らえられたが、依然として尊長の行方は知れず、九月十七日、「尊長法印以下を搦《から》め取るべし」という勅《みことのり》が、新天皇（後堀河）の父、後高倉《ごたかくら》上皇（行助入道親王《ぎょうじょ》）の院宣によって全国に手配された。

尊長の妻の実家、二条定輔はとくに疑われ、同年十二月九日には六波羅の武士が定輔邸を捜索したが、証拠となる物は出てこなかった。尊長の妻も、幕府探索の目をかいくぐって、どこかへ逐電《ちくでん》していたのである。

尊長の噂が都雀《みやこすずめ》の口にのぼるようになったのは、大乱から六年も経った安貞《あんてい》元年（一二二七）正月のことであった。歌人の藤原定家は若い頃、源平の内乱の最中にも、「紅旗征戎《こうきせいじゅう》（天子の戦）、我が事に非《あら》ず」とうそぶいて、政治には無関心を装っていたが、尊長とは同年輩で、見知ったあいだがらでもあり、その動静には注意をはらっていたらしい。ともあれ、彼の日記（『明月記』）による尊長に関する噂はつぎのようであった。

街の噂では、尊長法印〔弟の長能も一味だという〕は吉野の奥、十津川《とつかわ》〔八郷庄という〕に潜伏しているという。尊長は同所の黒太郎《くろたろう》という郷士《ごうし》を味方に引き入れ、十津川八郷のうち五郷まで勢力圏とした。かくて南方の熊野へ襲撃して武器を奪い、阿波《あわ》に渡海しようという計画を謀《はか》った。ところが黒太郎の弟は、熊野社の神威を恐れてこの謀略に異を唱えたので、五郷の人々は弟を殺そうとした。弟は逃れて熊野の人々に密告した。よって熊野では兵備を厳《げん》にし、尊長・黒太郎らの侵入に備えたということだ。（正月二十八日

条）
ある人の手紙によると、尊長法印は還俗《げんぞく》して髪を伸ばし、烏帽子《えぼし》を冠《かぶ》っているという。十津川住民のさる家に入り婿《むこ》して住んでいるらしい。（三月十八日条）

尊長は承久役後、大和十津川に逃亡し、住人の婿に入り込んで幕府の目を逃れていたのである。このような逃亡が可能であったのは、前述のような修験（山伏）を通じての人脈であったのではなかろうか。

都の人々を驚かしたのはこれだけではない。尊長はそこの住人の黒太郎という者を仲間に引き入れ、十津川の南、熊野地方を襲撃して武器を奪い、阿波に渡ろうとしたというのである。

その阿波《あわ》板東《ばんどう》（鳴門市《なると》）には当時、土御門上皇が流されていた。土御門の生母は、源通親の養女ではあったが実の父は僧能円《のうえん》であるという、きわめて低い出自であったため、父の後鳥羽は弟の順徳を愛して、長子である土御門には討幕の密謀にもまったくかかわらせていなかった。

そのようなしだいであったから、大乱後も幕府は土御門上皇をブラックリストからはずしていた。にもかかわらず土御門は父が隠岐へ、弟が佐渡へ流されたなかにあって、自分一人都にとどまるのをいさぎよしとせず、自ら幕府に申し出て流刑の身となっていた。土御門ははじめ四国の最南端に近い土佐幡多《はた》（高知県中村市）に行かされたが、そこにとどまること一年あまり、幕府の配慮で都にほど近い阿波板東に遷されていたのであった。

尊長は再起をあきらめていたわけではなかった。隠岐・佐渡ではどうにもならないが、熊野の水軍を味方に引き入れ、阿波に押し渡って土御門上皇を擁し、幕府に叛旗をひるがえそうとしたのである。

前述のような性格の土御門が、はたして尊長の計画に乗るとは到底考えられないが、ともかくも〝隠岐法皇〟となった後鳥羽の無念を晴らそうという尊長の執念であったろう。

なお熊野は紀伊における一大寺社勢力であり、承久役後、幕府に斬られた熊野法印快実《かいじつ》など、尊長の息のかかった僧兵らも多かった。後鳥羽の護持僧、長厳《ちょうごん》大僧正は乱に連座して陸奥《むつ》に流されていたが、彼は役の直前、熊野山検校《けんぎょう》の地位にあり、尊長は長厳の弟子たちとわたりをつけ、熊野襲撃を企てたものと考えられる。尊長の弟で石山寺座主であった長能も逃れて十津川にいたり、兄を助けて奔走していたようである。

しかし、気宇壮大な尊長の再起計画も、同志黒太郎の弟が裏切って熊野に密告したため、すべて画餅《がべい》に帰してしまった。十津川・熊野にも幕府の探索の手がまわり、尊長はふたたび姿をくらましたのである。

壮絶な死

このあとの尊長の行動は幕府の意表をつくものであった。十津川での挙兵が発覚したのだから、遠国にでも逐電するかと考えるのが通常だが、何と京都に潜伏していたというのである。それも、熊野での軍事行動の露顕があったわずか半年後のことであった。こうして尊長の最期の状況は、またしても歌人定家の日記が詳述するところとなった。

そこで『明月記』によりながら、承久役以来の尊長の足取りをたどってみることにしよう。六波羅の消息筋から聞いた情報として、定家は芋洗の陣脱出後の尊長の行動を、

以来ずっと、紀伊熊野、京都、九州など各地を経《へ》廻《めぐ》り、この三年ばかりは洛中に住んでいる。

と記している。十津川の住人の家に婿として入りこんだことは前に触れた通りだが、逃亡三年後から、主たる住居は京都に置いていたことがわかる。まことに大胆不敵な行動と言うしかない。もっとも、還俗して髪を伸ばし、烏帽子をかぶっていたから、滅多なことでは見破られなかったのであろう。

おそらく彼は、京都と十津川のあいだを行き来して、阿波の御所襲撃の陰謀をめぐらしていたが、黒太郎の弟の密告によって挫折したため、京都に舞いもどっていたのだと思われる。

ところで尊長は、京都でふとしたことから和田朝盛《とももり》という武士と親しくなった。

この朝盛というのは、幕府の大立者で初代の侍所別当であった和田義盛の孫であった。彼は幼時から教養もあり、とくに和歌がうまく、将軍実朝の学問所番《がくもんじょばん》にも加えられていた。建保元年（一二一三）五月、いわゆる和田合戦が起こり、祖父義盛らが北条氏に叛旗をひるがえすや、出家して祖父をいさめたが受け入れられず、結局ともに戦争に加わって敗れ、京都に逃亡していた。承久役では京方軍に参加して戦ったがふたたび敗れ、京都に潜伏していたのである。尊長とはお尋ね者同士、運命をともにしているとあって気安くなったものであろう。

尊長は、朝盛のいとこの山僧、伯耆房《ほうきぼう》とも親しくなった。ところが朝盛は、尊長がすっかり打ちとけて心を許しているのを逆手にとり、六波羅探題に密告して、自らの赦免《しやめん》をはかろうとした。建保以来十数年におよぶ逃亡生活に疲れ、これを機にふたたび幕府の御家人にもどろうと考えたものであろう。

そこで朝盛はまず探題の北条時氏に人を派して事情を伝えたところ、時氏の快諾を得たので、伯耆房と協議し、六波羅の武士も加わって尊長を捕らえる謀議をめぐらした。

安貞元年（一二二七）六月七日の早朝、伯耆房は鷹司油小路《たかつかさあぶらのこうじ》の尊長の居宅を訪ねた。同じ頃、菅原周則《かねのり》と小笠原左衛門尉《さえもんのじよう》の率いる探題の武士らは、四両の牛車に甲冑を満載し、「避暑」と称して二条大宮の神泉苑《しんせんえん》を迂回し、尊長宅に接近した。

伯耆房が尊長に、表が騒がしいから様子を見てこよう、と言って玄関を出たとたん、六波羅の軍勢が居宅になだれこんできた。伯耆房が顔を出せば突入の合図と、菅原・小笠原とのあいだで示し合わせてあったのである。

尊長はただちに防戦して剣をとり、最初に突入してきた武士に三カ所負傷を加え、二番目の男にも浅手《あさで》を負わせた。その後、刀を腹に突き立てて自刃した。しかし死に切れぬ内に、武士どもに取り押さえられた。定家が「下人《げにん》らの言」として記録すると

ころは、

伯耆房が退去した後、突然六波羅の軍兵が乱入してきた。尊長は刃向かって二人まで斬ったが、なお尊長は死なず、切腹した。［腸がはみ出したがなお生きている］

というものである。それにしても驚くべき俊敏さといえる。

武士らは自殺未遂の尊長を車に乗せ、探題にかつぎこんだ。以下の状況は、菅原周則宅を訪れた心寂房という僧から、定家が聞いたものである。探題に入ったとき、尊長は護送の武士とつぎの問答をかわした。

［尊長］　あの男は誰だ。

［武士］　北条修理亮《しゅりのすけ》（時氏）殿、武蔵太郎と呼ばれておる御仁《ごじん》じゃ。

［尊長］　あの男は掃部助《かもんのすけ》（時盛）だな。前に見て知っている。

［尊長］　早くわしの頸《くび》を切って楽にしてくれ。もしそれがいやなら、義時の妻が夫を毒殺したあの薬を、わしに食わせて早く殺してくれ。［一座の人々はこの言葉に驚いた］

北条義時は承久役の三年後、「脚気霍乱《かっけかくらん》」により死んでいたが、京都ではこのように妻に毒殺されたとの噂があった。公卿たちの義時への憎悪の反映であろう。

さて討ち入った菅原と小笠原とのあいだで、どちらがさきに尊長宅に突入したかが争われた。そのため探題では、虫の息の尊長に、捕らえられた状況についての尋問がしつこくなされたのだが、尊長は「まもなく死ぬことになっている俺《わし》が、どうして人にそそのかされて嘘など言ったりしようぞ」と吐き捨てた。

また、尊長が氷を欲しがったところ断られたので、「世を平定して六波羅殿と威張っておる者が、どうして氷ひとかけらくれぬのだ。心得ぬ」と辱《はずか》しめたので、やむなく六波羅では氷をもとめて尊長に食わせた。臨終がせまっても尊長の面目躍如たるものがある。

結局、尊長は腹部の傷に苦しみながらもその日は死なず、翌八日の朝、辰の刻（午前八時頃）に息をひきとった。

その状況も「帷《かたびら》を著《つ》け改め、手盥《ちょうず》、仏を懸《か》けしめ、高声念仏、座しながら命を終《お》う」という堂々たるものだったので、菅原周則はじめ立ち会った武士たちは「往生を称《たた》う」「異口同音美と称す」立派な最期だと、口々にほめたたえた（『明月記』）。

尊長は、俊寛《しゅんかん》とくらべても、最後まで幕府を苦しめ、華々しい最期をとげたといえよう。しかし、『平家物語』のような〝滅び〟の叙事詩に恵まれず、その事蹟は歴史に埋もれているといってさしつかえない。

とくに幕府に抵抗した点が、第二次大戦後、幕府を進歩的勢力と見立てた歴史家らの忌避に触れ、反動的存在として闇に葬られたのである。なかんずく、皇国史観の平《ひら》泉澄《いずみきよし》が戦時中に尊長を称揚していたことは致命的であった。

しかし、尊長がその利害を体現した寺社勢力そのものは、鎌倉時代を通じてむしろ巨大化し、公家・武家に匹敵する権力として、社会に大きな影響と刻印を残すことになる。

政治に深入りした歌人

京極為兼

（一二五四年―一三三二年）

六波羅の軍兵に捕らえられた京極為兼。右手、見返る公卿は日野資朝

沈み果つる入日《いりひ》の際《きは》に現《あらは》れぬ
霞める山のなほ奥の峰

京極為兼《きょうごくためかね》の代表作として知られ、勅撰和歌集の『風雅集』に採られている叙景歌である。

私は若年以来、山歩きが好きで、京都北方の峠道から、右歌のような夕べの山なみを遥かに遠望したことが度々あった。

近代の日本画家、結城素明《ゆうきそめい》の「山銜夕暉《さんがんせつき》」や川合玉堂《かわいぎょくどう》の「峰の夕《ゆうべ》」もそんな美しさを描いたものと思うが、為兼の歌に出合った印象は、私の場合劇的といえるほどの衝撃を受けたことを覚えている。

それと、古歌といえば私は、中学生の頃から耽美派の新古今調になじんでいたのだが、いまから考えてみると、西行《さいぎょう》や慈円《じえん》のような優美だが軟弱な歌調からくらべると、為兼の右の歌の鋭い声調は、目をみはらされるものがあった。

国文学の専門家によると、為兼の歌は沈滞した鎌倉歌壇にあって万葉を尊重し、新古今を再生した清新さにその特色があるというが、本章では、和歌史上の為兼でなく、二度まで幕府ににらまれて遠島に流された政治家為兼に焦点をあて、文学史上で語られている為兼像とは明白に異なった評価を試みたいと思うのである。

才にあふれた血筋

法印尊長を記録した『明月記』の記主（日記の作者）として前章で再三取りあげてきた藤原定家《さだいえ》の曾孫が為兼である。したがって為兼が和歌の才を発揮したのは、その家系と血筋からして当然であったともいえる。

しかし為兼の父（つまり定家の孫にあたる）為教《ためのり》は、学者のあいだでは下手な歌詠《うたよ》みとして定評があり、『続後撰集』『続古今集』それぞれに、わずか三首ずつしか採られていない。これを不満に思った為教は、書状によって亀山上皇に愁訴《しゅうそ》したが、上皇に「尾籠過《びろうか》分《ぶん》（無礼千万）」と叱責され、その失望から、「限《かぎり》ある命を人に急がれて見ぬ世の後を兼て知りぬる」と怨みの歌を残して病死した。

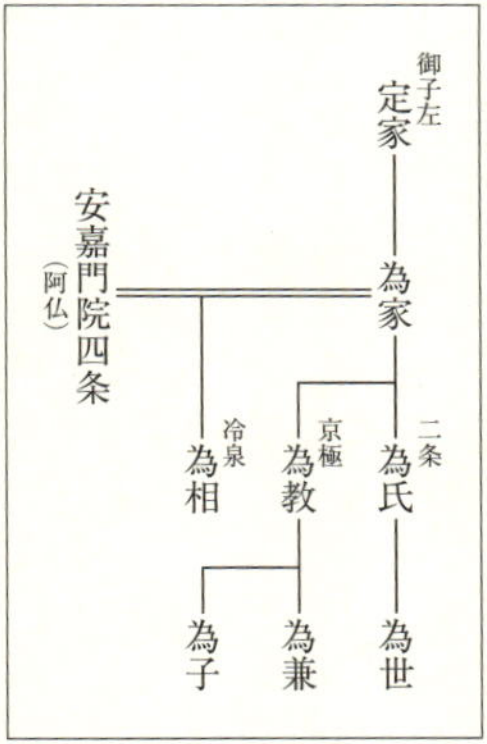

為兼の家系

ともあれ、為兼の歌才は、曾祖父定家の隔世遺伝だというのが、大方のみるところとなっている。祖父為家は、晩年阿仏尼《あぶつに》と同棲して末子為相《ためすけ》をもうけ、御子左《みこひだり》の家（祖先の長家が左大臣兼明《かねあきら》親王の邸を相続したのでこの名がある）は、宗家の二条、京極、冷泉《れいぜい》の三方に分裂することになった。このうち二条家と冷泉家が、播磨《はりま》細川庄の領有をめぐって激しく争い、阿仏尼が幕府に訴えるために鎌倉に行き、その道中の紀行文『十六夜《いざよい》日記』を残したことはあまりにも有名である。

京極家は両者の対立のなかにあって冷泉家に好意的で、為兼も幼時には嵯峨の中院《なかのいん》邸にあって阿仏にかわいがられた。為兼の姉為子も優れた歌人であった。建治《けんじ》二年（一二七六）八月の亀山院和歌御会《ぎょえ》には、上皇、摂関以下、居並ぶ晴《ハレ》の座に、弟の為兼とともに参列を許されているのである。このとき為兼は二十三歳であった。

為兼は鎌倉に滞在中の阿仏尼に、

故郷《ふるさと》は時雨《しぐれ》に立ちし旅衣《たびごろも》
　雪にやいとゞ冴《さ》えまさるらむ

という歌を送って旅情を慰めた。姉為子も、

はる〴〵と思ひこそやれ旅衣
　涙しぐるゝ袖やいかにと

と見舞いの消息に添えた。姉弟とも、情のこまやかな人であったことは疑われない。とにかく阿仏尼にとって、京都では、血のつながりはないが、為子、為兼の姉弟が最も身近な人々であったらしいのである。

為兼の母は三《み》善雅衡《よしまさひら》の娘であった。この三善家は、尊長の章で触れた、承久役勃発時に事変を鎌倉に急報した三善長衡《ながひら》の末裔《まつえい》で、西園寺《さいおんじ》家代々の家司《けいし》（家政をつかさどる職員）である。この母の縁で、為兼は幼時から関東申次《かんとうもうしつぎ》西園寺実兼《さねかね》（実氏《さねうじ》の孫）にかわいがられた。東宮《とうぐう》（皇太子）時代の伏見《ふしみ》天皇（熙仁《ひろひと》）の宮廷に出仕することになったのも、実兼の推挙によるといわれている。為兼の生涯に因縁として関係してくる実兼との主従関係は、こうして出生前から運命づけられていたといえよう。

為兼は祖父為家に和歌を学習した。その期間は、文永《ぶんえい》七年（一二七〇）から建治年間といわれ、十七歳から二十二、三歳頃、つまり建治二年の亀山院歌会に参列するまで数年間、祖父為家からみっちり和歌の伝授を受けた。

文永九年秋には、姉為子とともに、為家から『古今』『後撰』『拾遺』の三代集の伝授を受けたことが記録に残っている。おそらく祖父為家は一門中、この姉弟に和歌の家の望みを託していたのではなかろうか。

はたして為兼の歌才は周辺を驚かした。後年、花園《はなぞの》上皇は、為兼の学問について「才学なし」つまり漢学には暗いとしながらも、和歌については、

天性、和歌の方法をつかんでおり、抜群の堪能である。

と、その才を絶讃した（『花園天皇宸記《しんき》』）。現代の我々だけでなく、当時もいまも、だれが見ても彼の歌は人々に訴える詩魂をもっているのである。
また、俗に、為兼は醜男であったといわれている。南北朝末期の武将にして歌人の今川了俊《りょうしゅん》による「和歌所へ不審条々」というエッセイに、
為兼卿は、このような事情で衣被《きぬかずき》（女性の名）を懸想《けそう》され、彼女に向かって「夜ふけてからお逢いしたい」と仰せられたところ、衣被は卿を見返して「あのような顔

でそんなことを」と言われたのを、為兼卿は彼女の袖を抑えて、

されば こそ夜とは契《ちぎ》れ葛城《かつらぎ》の
　神も我身も同じ心に

と詠じられた。

とあるのが根拠である。しかし石田吉貞氏によれば、「あのような顔で」とは、醜いのではなく〝生《き》まじめで女などは口説きそうもない顔〟のことと解すべきだという。伏見天皇に仕えた女官、中務内侍《なかつかさのないし》が日記に弘安《こうあん》十年（一二八七）末の歌会のことを記録しているが、

男では左中将為兼だけが出仕した。武官の随身《ずいしん》の装束で参列した。とても優美に見えた。

と書いており、彼の容姿が端麗であったことは疑われない。

為兼が東宮熙仁の宮廷に出仕するようになったのは、弘安三年（一二八〇）以前のことと推測されている。この頃、東宮の和歌師範であった飛鳥井雅有《あすかいまさあり》の日記によると、

為兼について、雅有と東宮のあいだでつぎのようなやりとりがあった。

［雅有］　今度出仕致しましたる為兼なる者、万葉以来の難語であります「そとも」を知っている旨、傍輩に語っておる由にございます。「そとも」とは何か、御尋ねになってごらんなさいまし。恐らく「北《きた》」と申すでありましょうが、その時、その理由、典拠を重ねて御尋ねあるべきでございます。

（東宮、為兼に尋問ののち、雅有に）

［東宮］　そのほうの申す通り、尋問致したぞ。案の定、「北」と申しおった。理由、典拠は知らぬ由を申した。また『万葉』の年代を尋ねたところ「故入道殿（為家）から、文武帝の由を承っておりますが、いささか不審に存じております」と申していたぞ。

［雅有］　さようでございますか。それなれば、かの朝臣《あそん》は、いかさま、学問はしておると存ぜられます。

「背面《そとも》」は山の陰、つまり北を指す万葉語だが、当時東宮十六歳、為兼は二十七歳であった。為兼が出仕すると、たちまち頭角をあらわした。

当時の東宮煕仁の宮廷について、最もよく伝えていると思うのは、つぎの福田秀一氏の文である。

「東宮時代の伏見院は詩歌・管絃・鞠など広く文芸・風流を愛好し、同好の青年貴族たちを側近に集めて、その御所は一種の文芸サロンをなしていたが、為兼の登場と伏見院の好尚とによってこのグループは急速に和歌への志向を強め、かつ新風への模索《もさく》を始めた。弘安年間後半のことで、これが京極派（歌壇・歌風）の発生である」

こうして、為兼は和歌の才によって押しも押されもせぬ存在となったが、当時は煕仁やその父後深草らの持明院統《じみょういんとう》と対立していた大覚寺統《だいかくじとう》の治世（後宇多天皇、亀山院政）であったため、政治家としての腕をふるう余地はまったくなかった。

君臣水魚

弘安十年（一二八七）十月、幕府の意向で後宇多天皇が譲位し、皇太子煕仁は伏見天皇として天子の座についた（当面は煕仁の父、後深草の院政）。持明院統に皇位と治世（院政）が移ったわけで、永らく我慢を強いられてきた為兼たちに、ようやく活躍する機会が訪れたのである。

はたして、為兼は正応《しょうおう》元年（一二八八）三十五歳の壮年にして蔵人頭《くろうどのとう》、翌年参議従三位、その翌年正三位、また翌年権中納言、その翌年従二位、永仁《えいにん》三年（一二九五）には正二位と、とんとん拍子の出世をとげていく。為兼は、文字通り誠心誠意、天皇に仕えた。参議昇進のとき、同時に三条実永《さねなが》も参議に昇ったが、伏見天皇は二人の勤務評定を比較して、

今夜、二条家と三条家の両家督の公卿の昇進があった。為兼朝臣はいうまでもなく朕に無二の志《こころざし》を尽し、忠勤を励《はげ》む人物である。父の為教は参議になっていないが、そんなことは関係ない。これにくらべ、実永朝臣は才能も功績もなく、ただ関白の推挙だけで昇進したといえようか。

と記している（『伏見天皇宸記』）。主君から手ひどくののしられた実永は多少気の毒だが、それだけ為兼の忠勤ぶりがきわだっていたのである。

彼の熱意と忠節は、持明院統の宮廷では語り草となっていたようで、後年、花園上皇は為兼を回想して、「深く忠を存ずる人なり」「君を愛するの志、尤《もつと》も甚し」「偏《ひとえ》に愛君を以て至忠となす」と、その忠義ぶりを絶讃している。博学で当代随一の花園上

皇にここまで称讃されたのだから、為兼たる者、以て瞑すべしであろう。

さて、伏見天皇が天皇の位について以降、幕府の持明院統にたいする肩入れが明らかとなり、ほどなく天皇の腹違いの弟、久明《ひさあきら》親王が将軍に擁立されて東下し、正応三年（一二九〇）初めには天皇の嫡子胤仁《たねひと》（のちの後伏見天皇）が皇太子（皇位継承者）に立てられた。これは持明院統が当分のあいだ維持されることを意味する。後深草上皇は日記に、

嫡孫は皇太子となり、嫡子の弟は幕府の首長（将軍）となった。

と記している。

上皇にとって〝我が世の春〟が到来したのである。しかし温厚で謙虚な後深草上皇は、満足しつつも自戒を怠らず、かえって〝魔がさす〟ことを恐れ、隠居出家して、政務を天皇に譲ることとした。院政が停止され、天皇の親政が開始されたのである。

ところが、好事魔多し、上皇の出家直後、とんでもない事件が起った。正応三年三月、禁中に浅原為頼《ためより》という坂東武士が郎等をひきつれて乱入し、天皇を殺害しようとして失敗、六波羅の軍兵に包囲されて清涼殿内で自殺するという事態が発生したので

ある。

天皇は女官の機転で女装して脱出し、危うく難を逃れた。これを「正応の大逆事件」、または「浅原事件」という。為頼が切腹に使用した太刀が、大覚寺統の廷臣である三条家伝来の鯰尾《なまずお》という銘刀であることが発覚し、事件は大覚寺統の陰謀であるとの噂が立った。

中宮永福門院の兄、つまり天皇の舅《しゅうと》にあたる西園寺公衡《きんひら》（実兼の子）は、後深草法皇の御前で、首謀者はズバリ亀山法皇（後深草の同母弟、大覚寺統）であるとし、承久の例を引いて亀山の六波羅拘引を主張した。これは温厚な後深草が泣いてやめさせ、亀山、後宇多の父子が鎌倉へ誥文《こうもん》（誓紙）をたてまつって事なく収まったが、すんでのところで殺されたかも知れぬ伏見天皇は、亀山を深く恨んだ。

真相は不明だが、一説には為頼は「霜月《しもつき》騒動」で殺された安達泰盛《あだちやすもり》の残党で、自暴自棄からこの挙におよんだともいわれている。

伏見天皇の親政はこの事変直後に始まった。父、後深草とちがって果断な性格のこの天皇は、積極的な徳政（政治改革）に取り組んだ。

記録所《きろくしょ》を設置して、そこに庭中《ていちゅう》（訴訟過誤救済機関）を設け、参議・弁官らの諸公卿を寄人《よりうど》（官僚）として六番編成に分け、日を決めて交替勤務とし、月のうち上旬は神事、中旬は仏事、下旬は雑訴《ざつそ》（庶民の民事訴訟）を取り扱わせた。この制度は幕府がすでに行っていた裁判制度の導入であるが、一般に好評で、勘解由小路《かでのこうじ》兼仲《かねなか》という大覚寺統の公卿でさえ、

どの事例をみても厳密な手続きである。政治は正道に帰しているというべきか。奇特なことだ。

と絶讃している（『勘仲記《かんちゅうき》』）。

為兼は参議・権中納言であったが和歌の家出身であったので、この天皇による徳政には関係しなかった。しかし、正応五年（一二九二）正月には南都北嶺の騒擾《そうじょう》について勅使として幕府使者や関白と協議、後深草上皇に報告、また関東申次西園寺実兼の使者として、関白や天皇のあいだを行ったり来たりしている。後年の伝奏《てんそう》（天皇、上皇への取り次ぎを行う職）の役割を一身にになっている観があり、しだいに重要な政務にかかわっていく状況がうかがえる。

ここに、右中将三条実躬《さねみ》は、永仁二年（一二九四）三月の除目《じもく》にさいして蔵人頭への任官を望み、後深草法皇に誓紙をたてまつって愁訴したが、フタを開けてみると、

一門の為雄《ためかつ》朝臣が蔵人頭に任命されており、実躬は面目を失った。憤懣《ふんまん》と絶望に胸ふさがった実躬は、

為雄朝臣という奴はまったく文才のない仁で、いてもいなくても朝儀には関係のないはなしだ。そんな人物に昇進の恩賞を与えるとは、何事であろうか。それもひとえに為兼卿の仕業《しわざ》であろうか。現在の政治は、もっぱら為兼卿の心中によって動かされている。まったく意味のない世間だ。

と日記にぶちまけた。為兼の権勢が当時の人々に恐れられていた状況を物語っている。

伏見天皇は、先述のように日記を残しているが、彼の日記には、明恵《みょうえ》の『夢記《ゆめのき》』ほどではないが、自身や臣下らの夢の記述が多く出ている。正応五年（一二九二）正月、天皇と為兼は、つぎのような問答をかわした。

［天皇］　今朝、予（天皇）は面白い夢を見たぞ。
［為兼］　ほほう、どんな夢でございましょう。

［天皇］　驚くでないぞ。実はな、禅林寺（亀山法皇）殿が夢にあらわれ、父上（後深草）に謝罪されたのじゃ。「日ごろ、持明院殿に害意を抱いてきたが、後悔いたしておる。許されたい」と申されてな。どうじゃ。これは吉夢《きちむ》というべきではないかな。
［為兼］　それは御意《ぎょい》の通りにございます。実は私めも、この元旦に面白い夢を見ました。
［天皇］　はてさて、どんな夢じゃ。つぶさに申してみよ。
［為兼］　さればでございます。山に松の木が三本生えておりましたが、私めがその松の木を、口を開けて呑み込んだところで目が覚めました。実はそれがし、日頃から、政務長久・君臣合体・不生之理《ふしょう》、の三カ条を祈念しておりましたが、呑み込んだ三本の松は、その三条が叶う佳瑞《かずい》（吉兆）かと喜んでおるしだいにございます。
［天皇］　なるほど、その方《ほう》らしい夢じゃ。

この翌年（永仁元年）八月にも、この君臣は夢について語り合っている。

伏見院像（『天皇摂関御影』宮内庁三の丸尚蔵館蔵）

〔為兼〕 陛下、また面白い夢を見ましてございます。

〔天皇〕 はは、また松の木を呑み込んだのか。

〔為兼〕 いえ、そうではございませぬ。私は昨日、賀茂社宝前に籠って祈念しておりましたが、夢に宇都宮蓮瑜《うつのみやれんゆ》（景綱）殿（評定衆、引付衆を歴任し、歌人でもあった有力御家人）があらわれ、唐打輪《からうちわ》を持って言うには「これは異国より献上されたる物。卿《けい》に勧賞《かんしょう》として進呈します」とのことです。何の功による賞かと尋ねましたところ、「天子のお考えに従わぬ不忠の輩は、すべて退治すべきでござる。これにより、かねて卿を表彰するものです」と申して、さらに五、六百両もする見事な絹糸もくれるのでございます。

［天皇］　ううむ。それは定めて子細のある夢と思われる。儂《み》も記録にとどめておくとしようぞ。

このように、天皇が夢を語り合うのは、天皇の日記によれば、臣下では為兼だけである。人もうらやむ〝君臣水魚〟のあいだがらといえよう。

また着目すべきは、蓮瑜入道出現の夢など、為兼の他はすべて不忠の臣といわんばかりの、独善的、排他的な彼の潜在意識を無意識にかいまみせているということで、後年の彼の失脚の遠因も推察されるのである。

謎の失脚

永仁元年（一二九三）四月、将軍の久明親王が栗毛の馬を天皇に献上した。馬は即座に為兼に与えられた。彼を勅使として伊勢に送るときの乗馬として、前もって用意されたものという。

出発は三カ月後の七月八日に決定、為兼は天皇が直接書いた宣命《せんみよう》と御製《ぎよせい》（歌）三十首を携帯、北面の武士五人、青侍五人を率い「行粧華麗」に出立した。名目は国家泰平、万民安全の祈願であるが、じつは持明院統の永続の祈願も含んでのことであった。

忠臣を自任する為兼にとってこれ以上の舞台はない。彼の得意や思うべしである。十六日、帰着後の為兼の報告によると、為兼は参拝前日の十二日、伊勢にて「病悩荒痢過法」つまりひどい下痢に悩まされたが、夢うつつのうちに、「動かなくともよい。動かないかたちで、事を処置せよ」との神託を聞いて「心身勇甚」、ぶじに参宮をはたした。

神前で宣命を読みあげると、烏《からす》が数羽飛来したが、禰宜《ねぎ》（神主の下の神職）たちはめでたい徴《しるし》であると言いあった。宣命紙を焼く煙が神殿のほうへなびき、これまた「神、納受し給う無双の兆」と神官らは告げた。この報告に天皇は、

凡《およ》そ神は徳と信とを受け入れ給うということだ。今の世は末代だけれども、どうして神が我々に善を与えずということがあろうか。憑《たの》むべきだ。信仰すべきだ。

と喜んだ。

以上のように、世に隠れなき忠義抜群の為兼であったが、永仁四年（一二九六）五月、彼は突如として正二位権中納言の官位を剝奪され（『公卿補《くぎょうぶ》任《にん》』）、永仁六年正月六波羅

に拘引、同じ年の三月、遠く佐渡に流されることになる。処分理由を明示した史料はなく、古来さまざまな説が論じられている。

処罰の発端は永仁四年五月であるから、この時点に限定して彼の周辺を検討する必要がある。その前に、為兼処罰の原因がどう考えられてきたか、諸大家の説を回顧しておきたい。

まず近世の俗書である『本朝通鑑《ほんちょうつがん》』には、為兼は伏見天皇の密旨を受けてひそかに倒幕を企てたということが記されているが、これが根拠のない浮説であることは、これまでの記述でおわかりいただけると思う。

また、花園上皇は約三十年後、つぎのように記す。

大まかに言うと、為兼は政治に関与介入することになった。このことで傍輩公卿たちの讒言《ざんげん》が激しくなった。その結果、幕府は為兼を排斥するよう、朝廷に申し入れた。こうして彼は官職一切を罷免《ひめん》され、蟄居《ちっきょ》に追いこまれたが、彼を憎む公卿らは、さらに幕府に讒訴《ざんそ》したのである。

要するに、政治に深入りした結果、同僚にねたまれたというのである。この花園院

花園上皇画像（長福寺蔵）

のいう「政治関与」については、大覚寺統と対立するなか、持明院統のために策動した結果、とみる説が国文学者を中心に根強い。

しかし、この花園上皇の回顧から始まる「政治関与」説には疑問がある。

前述のように、蔵人頭、参議を歴任し、寺社伝奏の中心にあった為兼が、政務に関与するのは当然であり、政務に精励したればこそ、天皇から「無二の忠勤」とたたえられたのである。政治関与説なるものは、伏見親政期の宮廷政治と制度を理解していない皮相な見解というほかない。政治に関与したことが失脚の原因ならば、およそ古今の官僚・政治家はみな失脚せねばならぬことになる。

「持明院統のため」という説明にかぎらずとも、戦中に執筆された歌人土岐《とき》善麿《ぜんまろ》による

『京極為兼』（西郊書房）など、為兼に関する著述にはかならずといってよいほど、大覚寺統と持明院統の両統迭立《てつりつ》のしだいが、いかにも意味ありげに詳述されるのが常例となっている。たとえば福田秀一氏は、「為兼の流罪は両統迭立に関し、政治的に立ち回ったためと見られる」としている（『和歌大辞典』）。

だが、持明院統の天下が続く当時にあって、為兼が策動すべき理由は見当たらない。為兼が失脚したあと、大覚寺統に治世が交替したというなら話はわかるが、依然として伏見親政、伏見院政は続いていたのだから、為兼の失脚と両統の迭立は連関が薄いといわざるを得ない。天皇が永仁三年内侍所《ないしどころ》に捧げた願文（「伏見宮御記録」）に、

朝廷において、人倫にもとる謀略が日を追って激しくなり（中略）みだりに各種の虚言を流布し、勝手に政治が悪いと吹聴《ふいちょう》している。これらを幕府に訴えて、持明院統の天下をくつがえそうとたくらんでいる。

とあり、策動はむしろ為兼をねたむ公卿らの暗躍によるものであることが知られる。

このように、両統迭立が為兼の失脚に関係ないとすれば、彼の失脚の原因は、まったくちがった面から考えなくてはならないことになる。以下、為兼失脚の直接の原因に

ついて、従来言われなかった新説を呈示して、大方の批判を仰ぎたい。

永仁の南都闘乱

為兼が六波羅探題に拘引されたときの記録で唯一、信憑性の高い『興福寺略年代記』（以下『略年代記』と略す）にはつぎのように書かれている。

正月七日、為兼中納言并《ならび》に八幡宮執行《しぎょう》聖親法印、六波羅に召取《めしと》られ畢《おわん》ぬ。又白毫寺《びゃくごうじ》妙智房同前。

これによると為兼は、聖親法印と妙智房という二名の僧侶とともに捕らえられたのであり、当然、事件はこの三人の人物を一括して把握せねばならない。したがって問題は、為兼と一緒に捕らえられた聖親・妙智の二僧とはどのような人物か、ということにかかわってくる。すなわち為兼流刑のポイントを握るのはこの両人の背景であるといってよかろう。

もちろん、いままでこの史料が注目されてこなかったわけではない。しかるに、従来は「八幡宮執行」とあるのを石清水《いわしみず》八幡宮と解し、『本朝通鑑』にある伏見天皇の「討幕の挙」に結びつけて為兼の罪科とみなす向きがあった。

またそうまで解しない研究者も、この『略年代記』を、『本朝通鑑』同様、信憑性に問題ありとして検討の対象にしない傾向があった。私のみるかぎり、これまで為兼研究者でこの『略年代記』の記事を本格的に取りあげた論考は見当たらない。

しかし『略年代記』は興福寺伝来の記録類から抄録（抜き取り記事）された編年記事であって、もちろん公卿《くげ》日記ほどの価値はないが、十分信用できるものである（このことは後述する）。

まず、「八幡宮執行聖親法印」が、はたして石清水八幡宮の関係者であるか否かを検討しよう。結論からいえば、この聖親は石清水社とは無関係である。なぜならば、中世石清水社には、〝執行〟という役職はなかったからである。『石清水八幡宮寺略補任』によれば、中世石清水社は、三綱《さんごう》・検校《けんぎょう》・別当《べっとう》・権《ごん》別当・修理《しゅり》別当・俗《ぞく》別当・神主が首脳部を構成しており、執行は見当たらない。

では、この「執行」職が置かれた八幡宮とは、どこの八幡社か。『略年代記』自体が南都《なんと》の記録であることから、これは南都の有力八幡社である東大寺鎮守《ちんじゅ》八幡宮（いまの手向山《たむけやま》八幡）を指しているのではないかと推測される。だが、裏付けとして執行職があるかどうかを調べる必要もあるだろう。

まず『東南院文書《とうなんいんもんじょ》』に宝治《ほうじ》三年（一二四九）三月、伊賀名張新庄《なばりしんじょう》を東大寺に寄進した法眼《ほうがん》聖玄の寄進状に「兼乗、当寺（八幡宮寺）執行たるの時」とあり、元徳《げんとく》元年（一三二九）十二月の手掻会米請取状《てがいえまいうけとりじょう》（『東大寺文書』）に「執行所朝舜《ちょうしゅん》」とあり、鎌倉期を通じて東大寺八幡宮には執行が置かれていたことが判明する。

以上によって、聖親法印は東大寺八幡宮の社僧であることが明らかとなった（聖親を石清水執行とするのは江戸時代に成立した『続史愚抄《ぞくしぐしょう》』で、これが研究者の誤認の発端と考えられる）。

さていま一人の妙智房の在籍した白毫寺は、いうまでもなく叡尊《えいそん》が再興した奈良東南方の、いまも伽藍《がらん》のある寺院である。

よって為兼は、南都の僧両人と〝一味〟として捕らえられたのであって、その嫌疑は、南都に関する問題であることが推測される。その問題とはズバリ、興福寺・春日《かすが》社《しゃ》・東大寺を包み込んだ「永仁の南都闘乱」と学界でいうところの事件である。そこでいま一度、『略年代記』の永仁四年（一二九六）四月のくだりをみよう。

四月某日、幕府の両使《りょうし》、宗綱と行貞が鎌倉から入京した。奈良の事件の処理（南都の沙汰）のためだということだ。

「南都の沙汰」のため、鎌倉幕府の使者両名（幕府が朝廷に送る使者は二人、つまり両人が原則で、両使という）が四月に入京したとみえている。為兼が辞官に追いこまれたのは、翌月十五日のことだから、ここで南都の紛争の経過と為兼の処分はピタッと重なりあう。

すなわち為兼の辞官も六波羅拘引も、したがって佐渡流刑も原因はただ一つ、〝南都闘乱〟によるものであることが判明する。両統迭立《てつりつ》で為兼が暗躍したとか、伏見天皇の討幕陰謀など、すべて後世のこじつけか、学者の誤解であることが知られるのである。そこでつぎに、為兼を失脚に追いこんだところの、南都闘乱について概略を眺めていこう。

興福寺塔頭《たっちゅう》一乗院と大乗院の対立、抗争に端を発する南都の争乱は、永仁三年（一二九五）十一月、後深草法皇の南都巡礼直後に起こった大乗院衆徒の春日社乱入によって、新展開を迎えた。

大和一国は源頼朝以来、守護をおかない国で、藤原氏の氏寺《うじでら》である興福寺が守護権を代行する、事実上の摂関家の領国であり、両院門跡《もんぜき》も摂関家の子弟が入室《にゅうしつ》していた。

折りから一乗院門跡覚昭《かくしょう》とその弟子信助《しんじょ》が対立し、この弟子に大乗院門跡慈信《じしん》が加勢するという背景があったところへ、永仁元年十一月、春日若宮祭《わかみやまつり》の最中に両門の衆徒が合戦して、事件が始まった。

翌年幕府の介入で、六波羅において両門跡の対決（口頭弁論）があり、九月に出た裁断は一乗院を非とし、覚昭は勅勘《ちょっかん》（勅命による勘当）・流刑の処分がくだされた。これに激昂した一乗院側は、春日の神木《しんぼく》を山城木津《きづ》まで移して、朝廷に処分撤回をもとめて越年した。

永仁三年に入って法廷は鎌倉に移され、三月に出た幕府の裁断は、覚昭の再任は認められないが、九条家の覚意《かくい》を一乗院に入室させるというもので、神木は元の場所にもどされ、騒動はいったんおさまるかにみえた。

ところが覚昭の再任が実現しないことにいらだった一乗院衆徒らは、春日社頭を占拠するにいたった。それに対抗して大乗院側は東大寺の加勢を得て、法皇が巡礼から還御《かんぎょ》のさいを見はからい、社頭に乱入して三四殿の神体（鏡）を奪い、放光院という別の寺に移した。一二殿の神体は一乗院が確保して金堂に安置したが、春日神体の分裂移座は前代未聞であったため、前述のように翌年四月、幕府の両使入洛となったのである。

なお、永仁三年を通じて春日神木は帰座していたが、大乗院側にくみする東大寺衆徒は、同寺八幡の神輿《みこし》を入洛させ、同年末まで神輿は洛中に滞留するという異常事態になっていた。中納言為兼は、この状況下、いかなる立場にあったのであろうか。時、たまたま、永仁三年六月より蔵人頭であった三条実躬《さねみ》は、同年十二月の日記（『実躬卿記』）の十二日条に、以下のように記す。

夜になって幕府の使者三名が、関東申次《もうしつぎ》西園寺太政大臣の書状を持参した。奈良の事件につき問答し、彼らの報告（言い分）を書き留めた。（中略）その後ただちに内裏に参り、中納言為兼卿を通じて以上の状況を主上《しゆじよう》に奏《そう》した。主上から、幕府へ指示する綸旨《りんじ》を発給するから、余（実躬）にたいし、綸旨の文面を書いて遣《つか》わすように仰せられた。

これによれば、蔵人頭実躬は、申次実兼を通じて関東の意向を天皇に伝える立場ではあるが、すべて中納言為兼が天皇とのあいだに介在し、天皇の意志も為兼が取りついで実兼に伝えていたことが知られる。これに関白は何ら関与しておらず、為兼は文字通り枢機の中心にあったことが知られる。また神体分置事件の処置にかかる綸旨に、為兼が深くかかわっていたことはまちがいない。

以上の事実から推測するに、同年末、綸旨とともに南都の神体分置の件が幕府に報告され、永仁四年(一二九六)正二月頃、幕府の評定《ひようじよう》でまず為兼に騒擾の責任の一半がありとして辞官、籠居《ろうきよ》(謹慎)の処分がくだり、同九月、南都への処分が行われた。

『略年代記』には、

昨秋の春日社頭での合戦の件では、大乗院門跡の責任はまぬがれがたい。すぐにも同門跡を更迭《こうてつ》するよう、幕府から朝廷に要請があった。


とあり、大乗院慈信は勅勘のうえ更迭、一乗院覚意もその職を解かれた。喧嘩両成敗である。

結局大乗院の後任は、慈信の弟子で同じ一条家の尋覚《じんかく》と決定し、大乗院側に甘い処分であるとして怒った一乗院門徒らは、永仁五年正月、春日神人《じにん》らをけしかけて蔵人頭信忠の宿所を打ち壊してしまった。これに幕府が硬化し、一乗院の所業は「武家敵対」だとして一乗院領に地頭《じとう》を設置、弾圧を強行することになった。

これらの処分が片付いたのは同年十一月のことであるが、〝騒動の根元〟をたずねて翌年正月、為兼らが捕らわれるにいたった。

聖親は東大寺神輿の移動と神体分裂事件に東大寺衆徒として加担した責任、妙智はおそらく信忠の宿所破却の咎《とが》であろう（白毫寺は一乗院系列の寺院）。為兼はかかる騒擾を鎮静化し得ず、火に油を注いだとして朝廷の処置の矢おもてに立たされたのであろう（以上、永仁闘乱の経過は安田次郎氏「永仁の南都闘乱」『お茶の水史学』34号を参照、ただし安田氏は為兼の動静については言及されず）。

勅撰をめぐる論争

以上のように、為兼は南都の闘乱という、僧兵や大和武士のエスカレートした騒動の責を負って佐渡に流された。異例の佐渡遠流となったのは、「武家敵対」すなわち謀叛への連座とみなされたからである。

為兼は佐渡へ護送の途中、「駅の次《ついで》を以て関東に訴へ申す」と記録（『延慶《えんぎょう》両《りょう》卿《けい》訴《そ》陳状《ちんじょう》』）にあるように、幕府に愁訴を試みたがむろん却下された。佐渡在島中の動静は作歌以外はほとんど伝わらないが、後年やはり佐渡流刑の身となった世阿弥《ぜあみ》元清《もときよ》の『金島書《きんとうしょ》』は面白いエピソードを伝えている。

地元に八幡社の祠《ほこら》がある（中略）。信心のために参詣したところ、不思議な現象があった。それは、都ではめずらしいので待ちかねる思いで聞いた時鳥《ほととぎす》の鳴き声が、この島では、山路はもちろん、里でもやかましいほどやたらに耳にするが、この八幡社ではまったくしない。不審に思って神主に尋ねたところが、神主いわく、「ここは昔、京極為兼卿が流されてお住まいになっていた在所です。卿があるとき、時鳥の鳴くのをお聞きになって、

鳴けば聞く聞けば都の恋しきに
　この里過ぎよ山時鳥

とお詠みになりましてから、かの鳥どもはまったく声を抑えて、鳴かなくなったと申し伝えております」。

さて為兼は島にいること五年、乾元《けんげん》二年（一三〇三）閏《うるう》四月、五十歳のとき許されて帰洛した。官も権中納言に復するとともに歌壇にも復帰し、その月に行われた仙洞《せんとう》五十番歌合《うたあわせ》に参じ、歌を批評する判詞《はんし》も書いている。

なお彼が在島中に治世は大覚寺統に移り、天皇は後二条、治世は後宇多の院政とな

っていたので、この仙洞は後宇多上皇である。ただ後二条が践祚《せんそ》(天皇の位につくこと)するとともに、持明院統の富仁《とみひと》(後伏見の弟)が皇位継承者に立てられているので、為兼の遠流がかならずしも持明院統に不利に働いてはいないことが知られる。

帰洛後当面は、為兼の活躍も歌壇にかぎられていたが、延慶《えんぎょう》元年(一三〇八)八月、富仁が花園天皇として践祚し、その父の伏見上皇が院政を執《と》るにおよんで、ふたたび為兼は政界に復帰し、以下に述べる勅撰和歌集の議が起こって、宗家の二条為世《ためよ》と火の出るような争いを展開することになる。

弘安元年(一二七八)亀山上皇が『続拾遺集』を撰んで以降、勅撰和歌集はなく、持明院統でも歌集を編みたいと、永仁元年(一二九三)八月、伏見天皇は二条為世・京極為兼・飛鳥井雅有《まさあり》・六条隆博《たかひろ》の四人を集めて撰集のことを相談した。為兼流刑前のことである。

雅有というのはさきに述べた、為兼の出仕にあたって「そとも」を尋ねた歌人だが、病であったため召集に応じられず、為世・為兼に、七十二歳という老齢の隆博を加えて議定《ぎじょう》が始まった。案の定、為世と為兼が激しく対立したが、隆博は為兼に加勢し、諮問の項目すべてについて為兼の意見が通り、

『万葉集』を除き、『古今集』以後歴代勅撰集のうちで採りもらされた古代以来の和歌を、撰んで採用されるべきだ。

という伏見天皇の綸旨が出され、右四名が撰者《せんじや》たるべしと下命された。喜悦のあまり、老齢の隆博は落涙したと天皇の日記にある。しかし結局、為世は為兼との対立から撰者をおり、為兼も失脚したため撰集は沙汰やみとなり、天皇は、

我世《わがよ》には集めぬ和歌の浦千鳥
　空しき名をやあとに残さん

と詠み、不運を嘆いた。為兼の流刑は為世に有利にはたらき、為兼赦免《しやめん》のあった年末には、後宇多上皇の勅撰による『新後撰集』が、為世を撰者として成立した。為兼はひどく悔しがり、その様は、たまたまこの年の分だけ残った『為兼卿記』にみえている。

しかし為兼も、帰洛以来、ひそかに撰集の準備を進めていたのである。

延慶元年（一三〇八）、持明院統の人々が待ちわびていた花園天皇の践祚が実現した。

伏見上皇が治天の君として院政をしくことになり、為兼も権中納言として政務に参与することになったが、当面、彼の念頭を離れなかったのは撰集のことであった。花園登極《とうきょく》の直後、伏見上皇の院旨《いんじ》をもって勅撰の議が伝えられ、為兼は勇躍して和歌の編集に従事した。

枯葉を焼くように為兼の仕事はすすみ、翌年冬頃には、為兼の撰集は完成の域に近づいた。『玉葉集《ぎょくようしゅう》』は勅撰集中、最多の歌を収める大部の歌集で、為兼の精励ぶりが推察できる。

ところが、この噂を聞いて驚いたのが二条為世と冷泉為相《れいぜいためすけ》であった。今度の撰集が、為兼の独撰になりそうな気配を察し、ただちに両名は妨害に動きだした。

為相は阿仏尼の子であり、元来、甥《おい》の為兼との仲は悪いわけではなく、先述の永仁勅撰の議にさいしても、為相は鎌倉にあって自分も撰者に加わりたいと運動し、為兼もそれを支援しているほどである。

しかし為相は当時の伏見天皇のめがねに適わなかったものか、永仁の撰者からは除外された。今度は為相は在京していたらしいが、延慶勅撰の風聞に、旧知の幕府の要人に運動して撰者の一角にくいこもうとした。しかしこれはあまり効果がなかったようである。

ともかく、二条為世は、為兼が一人で撰ぶことがよほど心外であったらしく、延慶三年（一三一〇）一月二十一日夜、息子の為藤《ためふじ》を為兼邸にやり、抗議をする。しかし為兼は、永仁勅撰のとき為世が撰者からおりた事実を指摘して、いまさらの抗弁は不当であり、言い分があるならば訴えればよいと伝えた。

衝撃を受けた為世は二十四日、長文の訴状を携えて伏見上皇のもとに訴え出た。為兼の独撰を非とし、宗家をさしおき、庶家が撰者となるのは分に過ぎると主張、また刑罰を受けた為兼が勅撰にあたるのは不当だという趣旨であったという（石田吉貞氏「京極為兼」）。

これを機に、為世と為兼のあいだで三問三答の訴陳《そちん》がくりかえされる。訴とは原告の訴え、陳とは被告の抗弁をいう。この訴陳状の一部が『延慶両卿訴陳状』と題して『群書類従《ぐんしょるいじゅう》』に収められており、またその関連史料として為兼らの消息もいくつか残っており、中世和歌史上屈指の論争として国文学者のあいだでは有名なものである。

以後、両者のあいだで相手方への攻撃と非難の応酬がくりかえされるが、ここでその逐一をたどることはひかえたい。和歌史家の表現によると、

二条・京極家の争いについて（中略）為兼の方には強引や無理があり、為世の方に

は温和や泣寝入《なきねいり》があるように思われやすいのであるが（中略）、攻撃的なのはむしろ為世の方であり、為兼の方は受身である。それに為兼には堂々と正論を掲げ、男らしく理論でゆくというところがあるのに、為世の方は女性的・陰湿的で、相手の私事や小瑕瑾《かきん》をあばき出すというようなやり方が見られる。（中略）為兼の方が筋が通っており正々堂々としている。（石田氏前掲論文）

と、為兼に軍配をあげる人が多い。判決は関東へも協議された結果、応長《おうちょう》元年（一三一一）為兼の独撰が確定、正和《しょうわ》二年（一三一三）『玉葉和歌集』として成立した。花園天皇は為兼の歌論を宋学や仏学にも通ずるものとして高く評価し、二条派歌学を「其本《そのもと》に暗し」「和歌の本意を知らず」としりぞけた。

ふたたび配所の月

花園の即位後、為兼の姉、為子は天皇の乳母、即位式の褰帳典侍《けんちょうてんじ》となったが、それにしたがって為兼は御乳父としてふたたび権勢をとりもどし、延慶三年（一三一〇）には権大納言に昇った。為兼を無二の腹心と頼みにしている伏見上皇が執政しているのだから当然である。

正和元年（一三一二）十二月、伏見上皇は嫡子後伏見上皇に仙洞御領を配分したとき、為兼の知行地については子孫にいたるまで変更してはならぬと厳命し、「為兼は後伏見・花園両帝の御乳父として忠勤を励んできた。その点を高く評価すべきである。（中略）功臣の子孫は、とくに優遇すべきである」として、越前和田庄を上皇の追善《ついぜん》別所として為兼に預けることを指示している。

伏見上皇の信頼は佐渡流刑などではゆらぎもせず、自らの没後の追善も為兼に託しているのである。翌年十月、伏見上皇が出家すると即日為兼も出家したが、同上皇は法皇として治世を継続したため、為兼の権勢は衰えなかった。

しかし、しだいに彼を憎む人々も増え、後年洞院公賢《とういんきんかた》はその著『増鏡《ますかがみ》』において、「そねむ人々多かりしかど」と述べており、延慶四年（一三一一）三月には広義門院《こうぎもんいん》（後伏見后、西園寺公衡《きんひら》の娘）御産の儀礼にともなう上皇の還御《かんぎょ》にあたって、為兼が先例に反して車寄せに候《こう》じたため、大納言三条公俊《きみとし》・西園寺実衡《さねひら》らが面目を失い、女院の父公衡が激怒する事件があった（『公衡公記』）。

また公衡は、西園寺家恩顧の公卿である堀川光藤が権勢家にへつらって為兼や内大臣洞院実泰《さねやす》の邸へはしきりに訪れるのに、西園寺邸へは立ち寄りもしないのを怒り、この卿（光藤）については、もっぱら時めく人々（内大臣実泰と為兼入道）にのみおべっかを使い、わが西園寺家をないがしろにしているのは、もってのほかだ。

と日記（『公衡公記』）に憤懣をもらしている。

西園寺公衡はこの頃病気がちで、ほどなく世を去るが、この頃から為兼と西園寺家のあいだが急速に冷えこむ様子がうかがえる。

西園寺家との仲が険悪になったことについては、為兼が佐渡に流される前から、との説もあるが、佐渡から帰ってきたあとの『為兼卿記』のなかで、北山第《きたやまだい》に西園寺実兼（公衡の父）を訪れて懇談しているのがみえるので、関東申次との対立（申次は実兼、公衡が歴任）は公衡の晩年であったと思われる。

しかし、西園寺家ににらまれるにいたり、それがいかに危険な状況なのかもまったく自覚せず、為兼は正和四年（一三一五）四月、一門をしたがえ、多くの廷臣とともに春日参詣と称して南都に下向した。病中平臥の身で噂にこれを聞いた公衡は、

今日入道大納言為兼卿、種々の願《がん》を果《はた》さんが為、一門を引率し南都に下向すと云々。

その間の事、天下起騒《きそう》、尋ね記すべし。

とその騒ぎぶりを皮肉っている。また、下向の翌日、社頭で奉納された蹴鞠《けまり》の会では、

寝殿の前庭上に当り、高麗縁《こうらいべり》三枚を敷き、見所《けんじょ》の座となす。第一畳の中心、入道静覚（為兼）一人座す。

と記録にあるように、中心人物としてふるまい、為兼に随行した諸公卿らの行状をいうと、為兼にたいして、まるで家来のようにふるまっている。おおげさなことといい、儀式の厳重さといい、天皇の行幸とちがわない。摂関家をしのぐ傲《おご》りの沙汰である。

と、あたかも王者のごとくふるまった様子が記録されている（『公衡公記』）。さすがに彼の「驕慢僭上《きょうまんせんじょう》」には眉をひそめる者もあり、ことに彼を登用した西園寺

実兼をいたく刺激したらしい。社頭に奉納された詠歌に諸摂家や久我《こが》源氏の人々が連なっているのに、西園寺氏が入っていないことも、実兼らの怒りを買ったにちがいない。

その年の九月、公衡は病死し、父実兼が関東申次に復帰した。為兼を蛇蝎《だかつ》のごとく嫌っていた実兼は当然、幕府に為兼の排斥を主張し、同年十二月、法衣の身ながら為兼は六波羅へ拘引された。たまたまこの状景を日野資朝《すけとも》が目撃した様子が『徒然草』に描かれている。

為兼大納言入道が逮捕され、軍兵どもが包囲して六波羅探題へ拘引したが、この行列を一条辺りで日野資朝卿が目撃し、「ああ羨《うらや》ましい。この世に生きている以上、男としてああいうのが理想である」とおっしゃった。（本章扉絵参照）

こうして為兼は土佐へ流され、のち安芸《あき》、ついで和泉《いずみ》に遷されたものの、都へ帰ることはついに叶わず、元弘《げんこう》二年（一三三二）四月、七十九歳の高齢で配所（流された場所）に没した。

花園上皇は終始為兼に同情的であったが、正和二年（一三一三）以降、持明院統の実権を握った後伏見上皇が為兼を嫌っており、彼の赦免帰洛を許さなかったという。為兼には実子がなく、再度の失脚により五人の養子も四散して跡を継ぐことなく、また和歌の業績も否定され、永く顧みられることがなかった。残った宗家の二条一門が為兼を悪しざまにののしったのは当然で、『本朝通鑑』に書かれている伏見院討幕説などもその延長上に派生した現象とみられる。

近代になって為兼再評価の先鞭をつけたのは、意外にもプロレタリア系の歌人として大正、昭和初期に活躍した土岐善麿で、その著『京極為兼』は戦中の作である。戦後、鎌倉歌壇史に欠かせぬ作家として国文学者の研究が多くなされたが、歴史学の面から政治家為兼を論じた業績は皆無にちかい。佐渡流刑の原因が誤って伝えられたのも当然であろう。

しかし近年は京極流歌壇の評価もきわめて高く、為兼歌論の背景に、空海の言語哲学や法相唯識《ほつそうゆいしき》説などが強調されるほどである。しかしそこまで掘りさげないまでも、「心のままに詞《ことば》の匂ひゆく」彼の作風は、現代の我々にも疑いなく訴えるものがある。

人もつゝみ我も重《かさ》ねて問《と》ひ難《がた》み
　頼めし夜半《やは》はただ更《ふ》けぞゆく

為兼の作品は、恋の歌さえ、強い格調を帯びて響きわたる。

中国で辛苦した傑僧

雪村友梅

（一二九〇年—一三四六年）

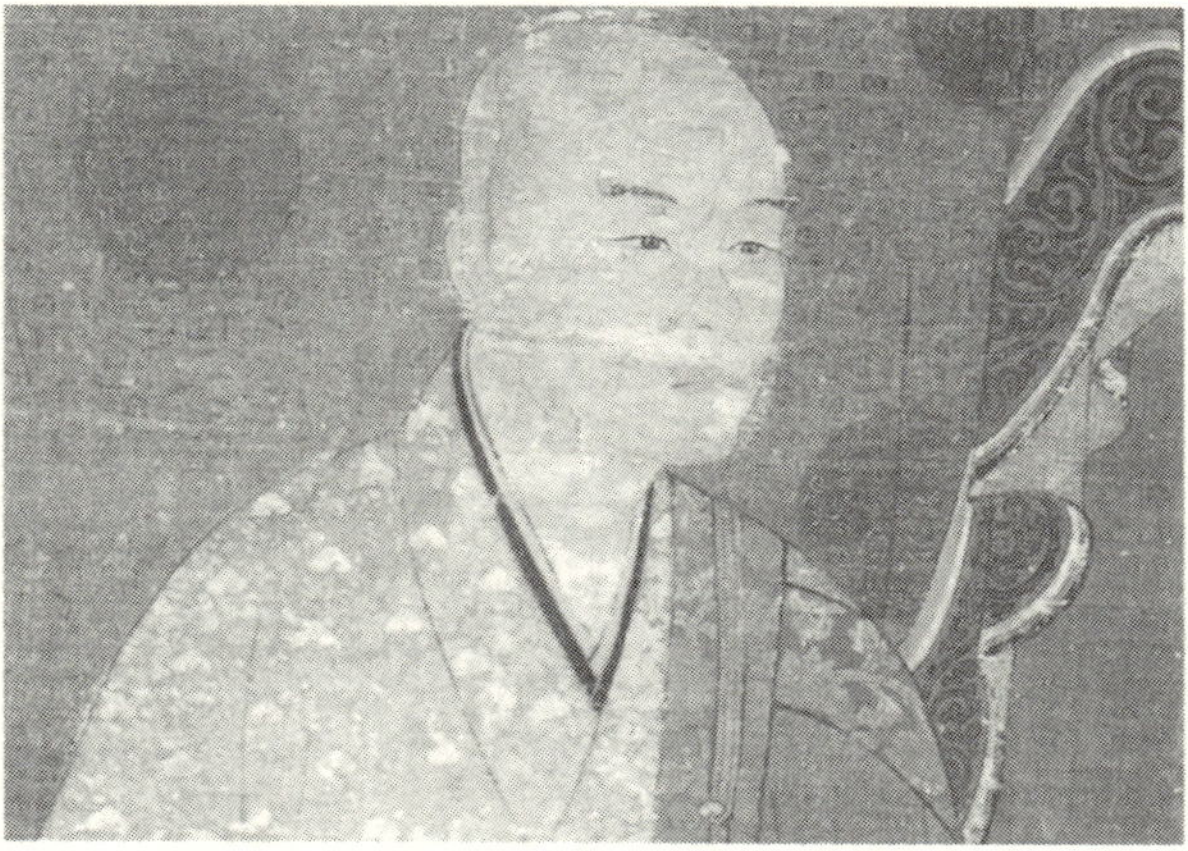

雪村友梅頂相（建仁寺蔵）

中国禅僧の侍童

京極為兼《きょうごくためかね》が佐渡に流刑中の身であった鎌倉末期の正安《しょうあん》二、三年（一三〇〇、〇一）の頃のことである。

鎌倉建長寺住持《けんちょうじじゅうじ》、一山一寧《いっさんいちねい》は、円覚寺の住持も兼任し、月の前半は巨《こ》福呂《ぶくろ》坂《ざか》の建長寺で、後半は山ノ内の円覚寺で説教するため、月に二回は両寺を輿《こし》で往復していた。この輿かきの侍童に、十歳くらいの喝食《かつじき》（小僧）がいた。この少年がのちの雪村友梅《せっそんゆうばい》である。

師匠の一寧は有名な中国出身の帰化禅僧で、江南の台州臨海県（浙江省、天台山の南方）の生まれ、阿《あ》育王《いくおう》山や普《ふ》陀落《だらく》山の住持を歴任したが、元朝の成宗に請われて招《しょう》諭《ゆ》使《し》に任じ、たまたま永仁《えいにん》六年（一二九八）寧波《ニンポー》に入港した日本の商船に便乗して、翌年博多に上陸した。一寧五十三歳のときである。

元寇《げんこう》（文永・弘安）のあと、日元の国交は依然として断絶しており、戦争状態であったから、中国では日本に朝貢させようとして世祖（フビライ）・成宗ともしばしば対日招諭使を派遣した。だが俗人の使者は鎌倉幕府によってすでに幾人も殺害されていたので、元朝では禅僧に白羽の矢を立てたのである。

危険な日本渡航に気乗り薄であった一寧は、「厭《いや》がるのを大いにおだてられて送り出された」（玉村竹二氏著『日本禅宗史論集』）。

一寧には石梁仁恭《せきりょうじんきょう》ら法弟や門下の三名の僧が同行した。一行は正安元年十月には鎌倉入りしたが、執権の北条貞時《さだとき》（時宗の子）は一寧らを間諜《スパイ》と疑って伊豆修善寺に幽閉してしまった。

ある人が、

聞くところでは一寧師は元朝の名士であり、かの国から大きな期待をになって来朝したことを知るべきです。そもそも僧とは、穀物が田に稔《みの》るごとく、世の福善を生ずる〝福田《ふくでん》〟であります。得道《とくどう》の僧侶は万物に野心なき者です。一寧師は元に在るときは元の福《さいわい》、日本に在るときは我らの福であります。

と貞時を説得し（『一山国師行記』）、一寧が元朝から大きな期待を受けて来日した高僧であることを説いたので、貞時も心を動かし、彼らの幽閉を解き、鎌倉郊外の小庵に入れた。

はたして一寧の盛名は鎌倉中に評判となり、武士や僧俗は話を聞こうと、争って小庵に訪れたので「門前市をなす」ありさまであった。さすがに頑迷な貞時も、一寧たちを冷遇することの愚かさを知り、同年末には建長寺の住持に招いた。友梅が小僧として一寧に仕えるのはこの直後のことと推測されている。

さて友梅は正応《しょうおう》三年（一二九〇）越後白鳥《しらとり》（長岡市関原町字白鳥）の生まれ、父は土豪（地侍）一宮氏で、母の須田氏（信濃の土豪の出身）は東大寺の梵鐘《ぼんしょう》を呑む夢を見て、友梅を生んだと伝えられている（『雪村大和尚行道記』）。

後年、友梅の弟子大有有諸《たいゆうゆうしょ》が著した友梅の略伝『雪村大和尚行道記』（以下『行道記』と略す）には、友梅の幼時について、

天性、秀才で、飛び抜けて知識に明るかった。郷里の評判は大変なもので、深淵の蛟竜《こうりょう》（やがて大物になる人）であると噂しあった。

とその神童ぶりを伝えている。

友梅が鎌倉に入って建長寺の小僧となるのは十歳を出た頃であろう。当時の五山《ござん》は中国語が公用語で、友梅は建長寺で中国語を習熟した。のち入元以後、中国人からも

「天性の華音」と称えられたから、おそらく石梁仁恭らの侍僧から中国語を徹底的にたたきこまれたにちがいない。ちなみに当時この建長寺には友梅とほぼ同年の喝食があと二人おり、一寧はこの三少年をかわいがって、歳寒三友《さいかんさんゆう》にちなみ、友松・友竹・友梅と諱《いみな》を与えたという（友松と友竹は名が顕れなかった）。

友梅は一寧に仕えるうち、その人格と学識に深く傾倒し、禅の本場の中国に留学する気を起こしたのだと思われる。当時、中国（元朝）とは戦争状態であったが、民間の商船は往来しており、多くの青年僧が入元を夢みていた。十五歳（当時の元服年齢）の頃、彼は上洛したが、それも中国渡航の便を得るためであった。師一寧の勧めもあったのかもしれない。

入京した友梅は、当時の慣例として、得度《とくど》を受けるため叡山に登り、延暦寺戒壇院で受戒した。晴れて頭を剃って坊主となったのである（喝食は、牛若丸のように長髪であった）。

京の町を行脚《あんぎや》して諸五山を歴遊した友梅は、建仁寺《けんにんじ》に入門のため掛搭《かた》を行った。掛塔はまた庭詰《にわづめ》ともいって、庫裡《くり》の玄関石に頭を打ちつけ、蹲踞《そんきよ》したまま二日、三日もその姿勢を続けねばならぬ厳しい修行である。ようやく許されれば、草鞋《わらじ》を脱ぎ、その寺に在籍が許されるのである。

『行道記』には、この建仁寺時代のことはほとんど記されていない。

建長寺を除籍になったあと、叡山で得度受戒し、建仁寺に掛錫《かしやく》（入寺）した。

とそっけなく簡記するのみである。

前後の状況を勘案すると、友梅の建仁在寺は、十五歳から十八歳の三年ほどのあいだであったと考えられる。ともかく『行道記』は、彼の入元の事情を、

当時の日本では、禅僧は争って中国に渡航し、高僧のもとに参禅してさとりを得ようとしていた。友梅師は弱冠十八歳で、修行の手段として渡航の船に乗った。

と書いている。

中国への留学熱は、友梅だけでなく、多くの青年僧侶に通有《つうゆう》のものであり、友梅もまたその慣行にしたがったにすぎなかった。かくして友梅は、徳治《とくじ》二年（一三〇七）に便船をもとめて筑前博多にいたり、寧波へ向かう商船に身を投じたのである。

ところで、一寧のその後について触れておこう。

正和《しようわ》二年（一三一三）、南禅寺の住持規庵祖円《きあんそえん》が死去したので、大覚寺統《だいかくじとう》の後宇多上皇は一寧をその後任に指名し、貞時に命じて一寧を上洛させた。上皇は一寧の説法を聴くために廷臣らとしばしば参禅し、「車馬門路に塡《み》つ」といわれた。一寧は日本語が話せなかったので、通訳を介して説法したと思われる。

一寧は老病のため退休を請うも許されず、越前に出奔したが、上皇は宸翰《しんかん》をもって慰諭召喚した。しかし文保《ぶんぽう》元年（一三一七）十月、南禅寺に寂した。友梅入元後、十年が経っていた。

師弟とも、友梅の滞中がこんなに長くなるとは予期していなかったであろう。不慮の事態となり、友梅は帰国できなくなったのだ。ともかく、友梅は師の臨終にはべることができなかったのである。

斬首に臨む

寧波で上陸した友梅は、師一寧の紹介状にあった通り、湖州（浙江省湖州市）の道場山に向かった。ここは中国の十刹《じつさつ》第二位の格高い寺院で、住持は一寧の法弟、叔平《しゆくへい》□隆《りゆう》（三字目は史料に伝わらず、空白のままとする）が任ぜられていた。叔平和尚は友

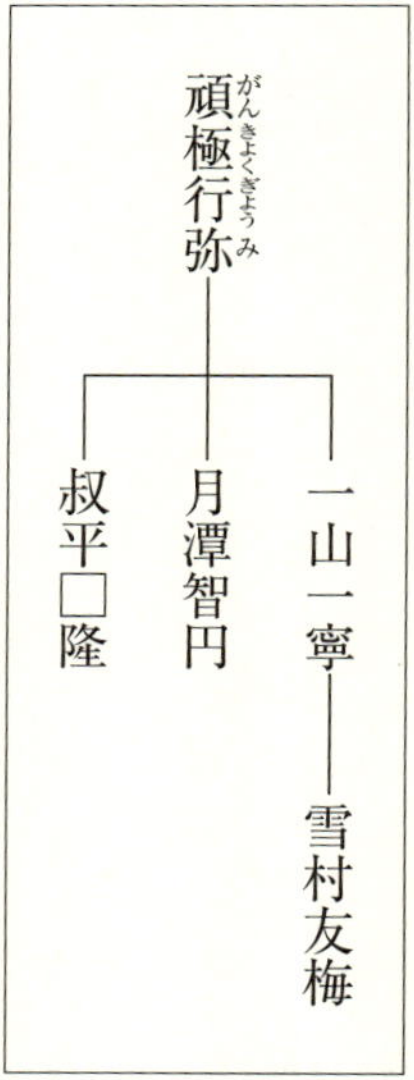

友梅の師匠筋

梅の行脚のため、過所《かしよ》（通行手形）や大寺への紹介状を書いてくれた。

友梅はこうして勇躍、大都（北京）に向けて出発する。この大陸における雲水修行のことを、後年友梅は詩に託してつぎのように回顧している。

始め吾《われ》、扶桑《ふそう》の東より来り（扶桑＝日本）
二年京国《けいこく》、観光罷《や》む（京国＝北京と諸地方。観光＝文物制度を視察すること）
杖　頭輿《じようとうきよう》を発す、嵩山《すうざん》の巓《てん》
路を滹陽《こよう》に借り、叢社《そうしや》を歴《へ》たり（叢社＝禅林）
諸方且《かつう》は過ぐ、氷寒の如し
宛転《えんてん》たる客懐《きやつかい》、誰に向って写《そそ》がん（客懐＝旅情）

（下略）

友梅の「観光二年」経路を概観すると、彼はまず大運河を通過して北京にいたり、南郊の法源寺《ほうげんじ》に参拝して観音閣に登ったことが、彼の詩集『岷峨《みんが》集』にみえる。

彼は多くの日本僧が目指した五台山には向かわず、大都から西南に転じ、五岳《ごがく》の一、嵩山に向かった。途中、石家荘《せっかそう》の柏林寺《はくりんじ》に一泊した（『岷峨集』）。懐州《かいしゅう》（河南省焦作市泌陽県）では刺史《しし》（長官）柳総管と親しくなり、数日滞在し、別れにあたり、はなむけの詩を吟じている。

その後、孟津《もうしん》で黄河を渡り、武術で知られる少林寺を経て嵩山の法王寺で詩作したことまでは知られるが、以後の足取りはわからない。推測するに、開封《かいほう》からやはり大運河を通って道場山にもどったかと思われる。

二年間の修行からもどった友梅を迎えた叔平和尚は、友梅の学識を愛し、一山の蔵《ぞう》主《す》（経蔵の管理）に抜擢した。友梅入元の百数十年後、やはり浙江の天童山で修行した日本人僧の雪舟等楊《せっしゅうとうよう》は、その画才を評価されて同山の首座《しゅそ》に挙げられ、自ら「四明《しめい》天童第一座」と署名したが、友梅のポストである蔵主は、首座につぐ西班第二の高位であった。

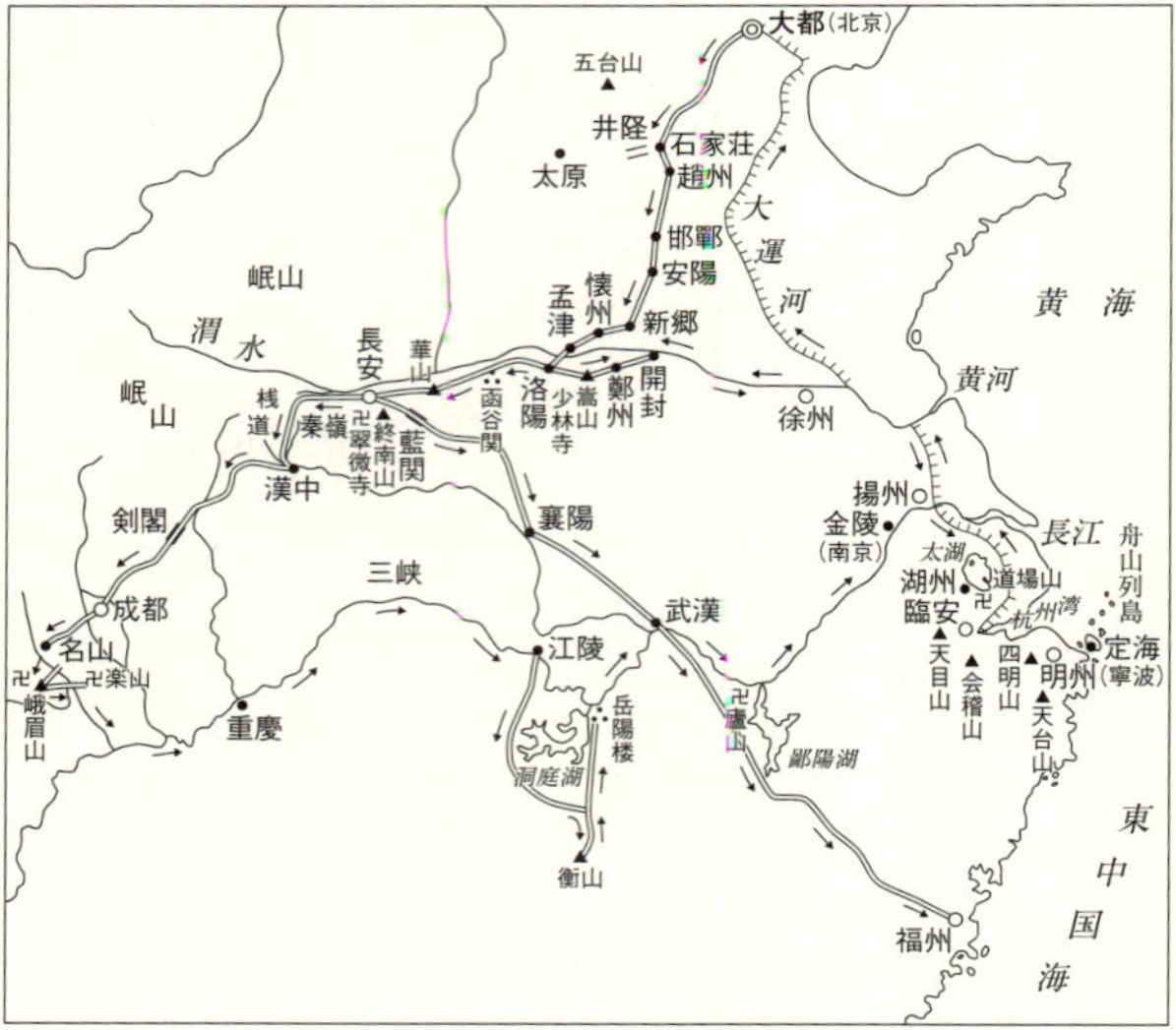

中国における友梅の旅行経路

なお日中とも、禅院内の組織は同じで、理財担当が東班、教学担当が西班と、二班に分かれていた。それにしても二十歳を超えたばかりの日本人僧の破格の厚遇には驚かされるが、叔平を感服させた友梅の学識はともかくとして、当時の中国には、留学僧を優遇する伝統があったようである。

このように、友梅の留学生活は順調にすべり出したが、ここにはからずも寧波に勃発した一事件から、彼ら留学僧の上に一大危難がふりかかることになった。その事情を以下に述べよう。

友梅が入元した（元の）大徳十一年（一三〇七）に成宗が崩じ、武宗が即位した。文永・弘安の役後、元は日本商船に寛大な態度で臨んでいたが、日本側の海賊的行為（いわゆる前期倭寇）も目立ちはじめ、しだいに海防を厳《げん》にし、大徳八年（一三〇四）には定海路（舟山列島）に「千戸所」と称する兵備所を設置していた。そのような状況下に、友梅上陸直後の寧波で、日本商船と元の市舶司《しはくし》のあいだで、抽分《ちゅうぶん》（関税）の徴収をめぐって争いが生じ、市街の焼き打ちとなったのである。これを明州城《めいしゅう》（慶元路）焚掠《ふんりゃく》事件という。

この事件で元の朝廷は硬化し、各寺院に留学中の日本人僧の捕縛が始まった。友梅より二年早く入元した日本僧、龍山徳見《りゅうざんとくけん》の伝記である『龍山和尚行状』には、つぎのように記されている。

元朝の大徳十一年、寧波の官憲と日本人とが闘争し、市街すべて炎上した。この事件によって元朝政府は諸寺を探索して、日本人僧を捕らえた。四明山天童寺が最も多く捕縛者を出し、十数人の和僧を捕らえ、駅送りの船に乗せて北京に護送した。龍山師もこのとき捕らえられ、洛陽の白馬寺に幽閉された。

このように元の官憲が、日本僧を捕縛し始めたのは友梅の北方旅行中のようであるが、留守がさいわいして道場山では捕縛者が出ず、寺側も無警戒であったらしい。ところが湖州の官憲が、道場山の新任の蔵主が日本僧であることをかぎつけ、友梅も縛《ばく》に就いたのである。

友梅の逮捕に最も心を痛めたのは住持の叔平で、彼は一計を案じ、友梅の漢語が流《りゅう》暢《ちょう》なのを奇貨《きか》として友梅は中国人だといつわって救出運動を行った。しかしこれは逆効果で密告により事実が露顕し、ために叔平も捕縛され、獄死した。『行道記』にはその事情について、叔平和尚は、友梅師を庇《かば》おうとして、ついに獄死した。（中略）友梅師は生まれつき中国語が達者であった。叔平は友梅を中国人と詐《いつわ》って、刑をまぬがれようとした。しかしこのことを密告する者があり、叔平も捕らえられたのである。

と記されている。また『行道記』の別の個所に獄中の叔平について、

叔平和尚も友梅師に連坐して罪におとされた。拷問に屈せず、ついに獄死にいたった。

とあり、拷問の末に死にいたったことを示唆している。一日本人僧の救出に奔走して、挙句に惨殺された叔平和尚はまことに気の毒としか言いようがない。

このことがあって、湖州の官憲の心証は悪化し、友梅は獄中より引き出され、斬首されることになった。『行道記』はその瞬間を、

刑吏は師を斬首しようとして、刀を抜いた。師はとっさに仏光禅師（無学祖元《むがくそげん》）の

「遇兵一偈《ぐうへいいちげ》」の詩を声高々と吟《ぎん》じて、と記す。友梅は刑死に臨み、辞世の句のかわりに、従容《しょうよう》としてつぎの詩を中国語で唱えた。

乾坤《けんこん》、孤筇《ここう》を卓《たく》するに地なし（乾坤＝天地。孤筇＝一本の杖）
且喜《しやき》すらく、人も空《くう》、法も亦《また》空（且喜＝喜ばしいこと）
珍重《しんじゅん》す、大元《だいげん》三尺の剣
電光影裏《でんこうえいり》、春風《しゅんぷう》を斬る

このいさぎよい態度と気魄《きはく》に、さすがの刑吏も気圧《けお》されたのか、処刑はついに延期となった。

ちなみに右の七言絶句は、円覚寺開山の無学祖元がかつて故国の雁蕩山能仁寺《がんとうざんのうにんじ》（浙江省温州市）にあって元軍の襲撃に遭い、斬られそうになったときに唱え、難をまぬがれたもので、友梅もその故知にならったのである。以後この七絶は〝臨剣頌《りんけんじゅ》〟と呼ばれたが、祖元の作であるのに、江南地方では友梅の作として喧伝されるようになった。

友梅の助命より約十年後、日本僧の中岩円月《ちゅうがんえんげつ》が江南秀州の本覚寺で、叔平の弟子霊《りん》石如芝《しいじょし》に会って、如芝が臨剣頌は友梅の作だと言うのをさえぎって、正直に祖元の作だと訂正したところ、霊石から「お前は、お前の国の人の名誉を全うさせようとしないのか」と叱責されたことが伝わっている（『藤陰瑣細集』）。友梅の名声がこの事件を機に江南地方一帯に拡まったことが推測される。

さて友梅助命の期日は、『岷峨集』『行道記』とも「皇慶《こうけい》二年（一三一三）二月七日」と記しており、入元四年目、友梅二十四歳のことであったことが知られる。

助命されたといっても、これで釈放されたわけではなく、友梅の身柄は、遠く陝西《せんせい》路《ろ》の長安南方、終南山の北麓の翠微《すいび》寺に移され、そこで幽閉されることになった。ここに友梅の、異国における永い幽囚生活が始まるのである。

幽囚十三年

友梅は、かつて嵩山からもどった逆のコースを、囚われの身として長安まで流されることになった。開封までは大運河、そこからは陸路で洛陽を経、潼関（函谷関《かんこくかん》）を越えての旅であった。

洛陽には、白馬寺に禁錮となっている龍山徳見がいるが、もちろん面会など許されない。獄中の拷問に加え、長途の旅で彼の体軀はやせさらばえていたが、生来頑健な質であったとみえ、なんとか生きて長安に到着している。

その道中を、彼は「函谷関西放逐《ほうちく》の僧」で始まる十首の七絶に詠んでいる（『岷峨集』）ので、少し紹介しよう。

函谷関西、放逐の僧
黄皮痩裏《そうり》、骨稜《こつりょう》矯《たか》し
時に宴あり、幽巌石に坐す
只だ欠く空生《くうしょう》、友朋と作《な》す

潼関を別名、函谷関というのは、黄河堤と華山に挟まれて極端に狭い、函《はこ》状の谷の形をなしている地形からきている。ちなみに、斉の孟嘗君《もうしょうくん》が秦から逃げのびてこの関にさえぎられ、食客《しょっかく》の内、口真似の名人が鶏の鳴き声を出して門を開かせたのは有名な話で（いわゆる「鶏鳴狗《けいめいく》盗《とう》」、『史記』列伝『十八史略』）、清少納言の「夜をこめて鳥の空音《そらね》ははかるとも」の歌（『百人一首』）はその故事を引いている。また、京都祇園祭の曳山《ひきやま》、函谷鉾《かんこぼこ》も、同じ説話にもとづいている。

もう一つ、この道中の友梅の心情が表れた詩を紹介する。

函谷関西、放逐の僧
銕馬《いば》に騎《の》るに慣れ、氷稜《ひょうりょう》を走る（銕馬＝鉄の馬）
曇花《どんげ》は落つ、二千年後（曇花＝優曇華《うどんげ》、三千年に一度開花し、そのときは転輪王または如来が出現するという）
又見る、黄河の一度《ひとたび》澄むを

右詩の、「銕馬」「氷稜」は行路の艱難《かんなん》を象徴する語、二千年は釈尊入滅後の年月を表している。

流刑先の翠微寺は、唐朝の離宮「翠微宮」（太和宮）が寺となったところで、湖州道場山の開祖如訥《じょとつ》の師、翠微無学は当寺に止住したことがあり、その縁で友梅の幽囚地となったという（小野勝年氏著『雪村友梅と画僧愚中』明文舎）。友梅は長安（翠微寺）滞在中に、身上を語ったつぎのような詩を詠んでいる。

吾《われ》、人の誉《ほ》むを歓《よろこ》ばず
亦《また》、人の毀《そし》りを畏《おそ》れず
只《た》だ世と疏《そ》なるに縁《よ》り
方寸、淡きこと水の如し
一身は縲紲《るいせつ》の余（縲紲＝縄目にかかる。囚獄のこと）
三載、長安の市
哦《おう》と吟《ぎん》ず、聊《いささ》か情に適《かな》う（哦と吟ず＝詩歌を口ずさむ。うたう）
直語、何ぞ綺《き》を容《い》れん

このように、友梅は約三年、長安南郊の寺で虜囚生活を送るが、翠微寺は牢獄ではなく、多少の行動の自由はあり（おそらく監視人つきで）、藍田《らんでん》（長安東南郊）の王維《おうい》の山荘趾を訪れたり、城南の隠居老人、松庵なる人物と親しくなり、甘粛路総管杜《と》某なる地方高官とも知己となったりしたことが『岷峨集』からうかがえる。

在長安三年、なお友梅の赦免は出なかった。あまつさえ、さらに遠方の蜀（四川）に流されることになる。『行道記』は、長安には三年留められた。しかし元朝政府はさらに遠方へ流刑の処分にし、蜀の地に追放した。友梅師は秦嶺《しんれい》を越え、崧山華山《すうざんかざん》に登り、多くの山川を渡り、ついに成都すなわち岷山《みんざん》と峨嵋山《がびさん》のあいだの地に拉致拘禁《らちこうきん》された。しかし師の意気は少しもくじけなかった。

と、いわゆる蜀の桟道《さんどう》をはるばる越え、成都に追放されたことを伝えている。彼は蜀に入った最初の日本人であった。入蜀の経路は、五丈原《ごじょうげん》付近から南下して秦嶺を越える褒斜《ほうや》桟道と推測されている。入蜀後にこの行路難を述懐して、

半年、蜀道艱嶮《かんけん》を歴《けみ》す（蜀道＝蜀の桟道、関中より四川に入る経路）
寒熱あい攻めて病は正に作《おこ》る
耳黒く面は黄ばみ支体枯れ
頭は疼《しび》れ目は眩《くら》み頻《しき》りに呻呼《しんこ》

と詠じた。さしも頑健な友梅すら、桟道越えに罹病《りびょう》し、行きなやんだのである。右

の詩は、在成都中に親しく往来した石橋和尚が薬をくれた礼に、友梅が贈ったものという。

蜀は北方に岷山、南方に峨眉山があり、友梅はここで蜀の大自然を詩に詠じ、『岷峨集』を編むことができた。在蜀十年は彼の不幸であったけれども、『岷峨集』によって詩僧としての彼の名は不朽となったのである。明るく雄大な彼の代表作、「岷山の歌」の冒頭部分をつぎに掲げよう。

岷山岌々《きゅうきゅう》、天に咫尺《しせき》（岌々＝高くそびえること。咫尺＝接近すること）
岷水湯々《とうとう》、濤《なみ》万里
嶮隘《けんあい》、攢聳《さんしょう》す鏌鎁《ばくや》の鋒《ほこさき》（攢聳＝群がりそびえること。鏌鎁＝古名剣の名）
烟塵《えんじん》は隔断《かくだん》す、咸陽《かんよう》の市（咸陽＝長安）
寒暄《かんけん》異郷、自《おのずか》ら仙都
氷雪は太始より空に嵌《はま》る（太始＝太古、はじまり）
崖前《がいぜん》の鹵井《ろせい》は星芒《せいぼう》を湛《たた》え（鹵井＝塩井。星芒＝星の光のほさき）
谷底の甘泉は石髄に流る
（下略）

（注・鹵井とあるが、四川南部には地下に濃塩の水脈があり、塩を産した）

成都での彼の住居は、つぎの「春日偶作」によって知られる。泰定《たいてい》二年（一三二五）の詩である。

亀城東際の寺　　蟠井《かいせい》北辺の房（亀城＝成都の雅名）
一宿我何を恋う　　三年の賓《ひん》自ら忘る
宴安は楽むべしと雖《いえど》も　　艱阻《かんそ》備《つぶさ》に曾《かつ》て嘗《な》む
万里、鷗盟《おうめい》に在るも　　長江は日に航《ふなで》あり（鷗盟＝世俗の交を絶つこと）

ここからもわかるように、彼ははじめ郊外の寺院に幽居させられていた。至治《しち》三年（一三二三）にいたり、ようやく城内に移された。城外寺院では、俗人との交際を禁ぜられ、長安よりむしろ厳しい待遇であった。しかし、彼は決して絶望に陥らず、釈放、帰国を信じて、孜々《しし》として禅学の研鑽に努めた。

『行道記』は彼の在蜀中の刻苦勉励ぶりをつぎのように伝える。

心は怒り口は刺すような言を吐く。胸中の思いは自然に文章となった。四書五経以下の古典は一読して暗記するのだった。あるとき、人々と船に乗っていたが、師は南華真経を読んでいた。一枚読むごとに破って水中に捨てるので、人がその訳を問うたところ、師は笑って「このくらい憶えないでどうします」と答えたので、人々は舌を巻いた。

経史など中国の古典を、一読暗記したというのである。この頃から友梅の学名はあがり、『行道記』が、

東西両川（四川・漢川）の官人や読書人（インテリ）らは、優秀な子弟を友梅のもとへやって教えを乞わせた。手ずから習う者、講義を受ける者が少なくなかった。

と記すように、蜀の士大夫らは子弟を友梅の寺へやって、学習させるものが多かった。

在蜀も十年近くなると、ようやく友梅にも行動の自由が与えられたとみえ、『岷峨集』には、成都東南郊の長松山（簡陽付近）に、当地の刺史や禅僧らと一緒に登った詩が

載せられている。

長松山に上る

亭台縹緲《ひょうびょう》、嵯峨に鬱《うつ》す（縹緲＝遠く微《かす》かにみえる貌《かたち》。嵯峨＝山のつき立って嶮《けわ》しい貌）
叢霄《そうしょう》に咫尺《しせき》、気は錯摩《さくま》（叢霄＝天空。錯摩＝乱れてズレること）
（中略）
斜日、雲を断つ千里の目
皚々《がいがい》たる積雪、是《こ》れ蓬婆《ほうば》（蓬婆＝髪乱れたる老女）

こうして友梅は、十年の歳月を、幽囚の成都で送ったのである。十八歳で入元した彼は、すでに三十代半ばを越す壮年に達していた。

赦免、江南へ

慶元路の焚掠《ふんりゃく》事件から十九年を経た泰定《たいてい》三年（一三二六）七月に、元の朝廷は大赦《たいしゃ》令を発し、日本人僧の瑞興《ずいこう》ら四十人を日本に帰還させた（『元史』晋宗本紀）。友梅はこれよりやや早く、同年四月頃釈放された。『行道記』は「偶《たま》ま大赦あり。召還」と伝えている。

友梅は峨眉山を巡拝して長江をくだって江南へ出る計画を立て、同年五月、成都を出発した。幽囚十七年、籠《かご》の鳥が空へ放たれる心境であったろう。友梅は成都の西南、名山漢嘉県《かんか》（峨眉山の北麓）まで来て、在成都中になにかと面倒を見てもらった石橋和尚へ恩謝の時を送った。

遠林日斜鳥高く翔ぶ
湖海、君を知る、夢未だ忘れず（君＝石橋和尚を指す）
我亦《また》雲を凌《しの》ぐ、久客に非ず
鮮甘《せんかん》、熟すを待ち茘枝《れいし》を嘗《な》めん

友梅は初夏の二カ月を峨眉山の巡拝にすごし、七月、岷江と大渡河の合流点である楽山《らくざん》付近にいたった。彼は李白の「峨眉山月の歌」を踏まえ、つぎのような七言律詩を吟じた。

天は澹々《せんせん》雲閑々　扁舟《へんしゅう》夜泊す平羌湾《へいきょうわん》
水声驟雨《しゅうう》は松籟《しょうらい》に雅《まさ》る　峨眉山月氷輪の環
幽人夢に出づ何有《ある》なし　杜《と》宇声々口を破りて啼《な》く（杜宇＝時鳥《ほととぎす》）
瓊花《けいか》未だ老《お》いず十州の春　明朝更《さら》に問わん瀟湘《しょうしょう》の津（瓊花＝玉の花、美しい花）

ここは大河が合流し、八、九月の雨期は信じがたい増水となる。私もかつて九月に峨眉登山の帰途、当地の楽山大仏を拝したが、向こう岸も見えぬ増水に一驚を喫した。友梅は八月、長江を下って十九日、重慶にいたった。「舟中熱に苦しむ」と題して一詩を吟じた。

嘉州《かしゅう》の七月、伏雨に愁《うれ》い（嘉州＝楽山）
渝州《ゆしゅう》の八月、残暑に困《こん》す（渝州＝重慶）

『岷峨集』から察すると、友梅は九月重陽の頃まで当地に滞在し、長江の三峡をくだって湖広（湖北省）に出たらしい。この間、「闃岩総兵《けつがんそうへい》」や「王州判《おうしゅうはん》」「復庵道士《ふくあんどうし》」など、沿岸居住の官人・軍人や道士らに会って詩を詠んでいる。このような彼の人なつこさは天性のものであったようだ。

江陵（荊州）で友梅は下船し、洞庭湖《どうていこ》の西側を南下し、衡山《こうざん》（湖南省衡陽）の祝融《しゅくゆう》峰《ほう》に登った。

天に挿《はさ》む霽色《せいしょく》、融峰の秋
造化の小児、甚だ戯劇《ぎげき》（造化＝宇宙を経営する神）
（中略）
白雲主無し、誰か羈留《きりゅう》せん（羈留＝つなぎ止めること）
迹来路《せきらい》を得、宵征《しょうせい》去る（宵征＝蛍の異名）

これも「岷山の歌」と並ぶ雄渾《ゆうこん》な詩で、また帰国できるという解放感と歓喜にあふれている。

ここより北上して長沙《ちょうさ》から岳陽《がくよう》の対岸、君山《くんざん》に登り（『岷峨集』「冬月君山に遊ぶ」）、ふたたび長江を舟でくだり、鄂州《がくしゅう》（武漢）付近で越年し、廬山《ろざん》（江西省九江）にいたった。

当地は宋代以来の禅寺の一大根拠地で、友梅はこの一角、東林寺に滞在した。ここで一三二〇年に入元していた日本人僧の別源円旨《べつげんえんし》に出会った。友梅にとっては十幾年ぶりかの日本人との再会であったはずだ。

円旨はかねて聞きおよぶ友梅の辛苦と名声をたたえ、

眼頭窮《きわ》め尽《つく》す三千界　声価は聞《きこ》え来《きた》る二十春

と吟じた。

友梅は円旨から故国日本の実情など聞きおよび、帰心は切《せつ》なるものがあったようだが、半年の廬山滞在中、知友となった年下の中国僧、祐兄《ゆうけい》にはなむけとしたつぎの詩は面白い。

吉州の祐兄を送る（吉州＝江西省南部の町。鉄絵〈黒線〉の磁器を産したことで著名）

半年同じく飲む虎渓《こけい》の水

玄妙を談ぜず、これ甚《はなは》だ底《てい》なり

（中略）

天上天下、東西を兼ね
風を追う木馬、黄金の蹄《ひづめ》
仏祖曾《かつ》て行き、到るを得ず
行《ぎょう》を新《あら》たむ一歩、階梯《かいてい》を超ゆ
休《や》む莫《なか》れ休む莫れ、休む莫れ
渠儂《きょのう》、豈《あに》これ寒拾《かんじゅう》の流ならんや（渠儂＝君と私。寒拾＝寒山《かんざん》と拾得《じっとく》）
明年はこの日、遥《はる》かに相憶《あいおも》わん
我は東海に帰る、君は西州（東海＝日本を指す）

後輩に仏道修行をさとす気分があふれ、とてもわかりやすい詩ではないか。

しかし、円旨のもたらした日本情報には悲報もあった。友梅の旧師、一山一寧《いっさんいちねい》が九年前にすでに日本で客死していたことである。円旨と会ったその晩、友梅は涙ながら「玉雲老人（一山一寧）を哭《こく》す」を吟じた。

師資の縁に感ず、豈《あに》情を忘れんや

別後の霜眉《そうび》、夢亦《また》驚く
誰《たれ》か料《はか》る八旬、猶《なお》九を欠くを
俄《にわか》に聞く泡影、入りて生《せい》なし

さて友梅は泰定四年（一三二七）秋、廬山を辞して長江をくだり、金陵（南京）の保寧寺《ほねいじ》に入った。そこには日本からの留学僧も多かったので、帰国の便に関する情報を得ようとしたのである。住持の高僧、古林清茂《くりんせいむ》は、友梅につぎの偈《げ》をはなむけとした。

道人海外より来《きた》る　歴渉《れきしょう》幾ばくの難阻《なんそ》ぞ（道人＝友梅を指す）
唯ならず驚濤《きょうとう》を凌ぎ　益《ます》す世網《せもう》の苦に遭う
身は脱《のが》る万死の中　志は剋《か》つ仏祖にあり
百煉《ひゃくれん》の金ある如し　（下略）

清茂は当時中国仏教界の最高峰であったが、一貧僧に過ぎぬ友梅をこのように激賞したのである。

南京を辞した友梅は、湖州道場山に向かった。身替わりとして獄死した叔平《しゅくへい》和尚の菩提を弔《とむら》うためである。

友梅は鎮江まで揚子江をくだったあと、江南運河に入り、泰定四年の末頃、道場山に到着した。この事実は、さきに触れた、霊石如芝《りんしいじょし》に臨剣頌が祖元の作だと言い張った中岩円月の『自歴譜』に見えている。泰定五年の夏（四—六月）に円月が道場山に滞在したときの記述に、

その年の夏に道場山にいたった。塔頭《たっちゅう》の西禅院にはたまたま東陵永璵《とうりょうえいよ》、雪村友梅の二僧が滞在していた。

とあるように、同山に友梅が起居していたのである。友梅は叔平の絵像を画工に依頼し、その画幅を杭州浄慈寺《じんずじ》の如芝に持参して、文章をつけてくれるよう頼んだ。如芝は快諾して叔平の事績を記したあと、奥書《おくがき》に、

雲峰堂上《うんぽうどうじょう》の（故人となった）叔平和尚の肖像画を、弟子にあたる長安翠微寺住持の友梅長老が賛を請うた。泰定戊辰（一三二八年）春なかばの頃　浄慈寺霊石如芝

と署名した。ここで注目されるのは、友梅の肩書についての記述で、友梅はこの年、『行道記』に、

天暦《てんれき》元年（一三二八）戊辰、文宗が即位した。命じて友梅を長安翠微寺の住持となした。

とあるように、皇帝文宗によって翠微寺の住持に任ぜられたのである。すなわち友梅はかつて三年あまり禁錮された長安翠微寺の住職となったのである。

この称号は、わが国の座公文《いなりのくもん》（一九五頁参照）のように、実際には赴任せずに与えられたものだろう。この事実については、疑わしいというような意見もあるが、翌年友梅らが福州を出帆するとき、元僧の竺仙梵僊《じくせんぼんせん》が、友梅のことを「雪村西堂《さいどう》」（西堂は住持経験者）と称しているので、友梅の住持就任は疑いない。

ともあれこの頃、日本側に元の高僧明極楚俊《みんきそしゅん》を招聘《しょうへい》しようという動きがあり、それに応えて楚俊が日本に骨を埋める決意をしたので、古林清茂《くりんせいむ》の弟子、竺仙梵僊が意気に感じ、同行を申し出、天暦二年（一三二九）五月、元の商船は、友梅ら日本人僧五名、

楚俊・梵僊ら中国人僧三名を乗せて福州を出帆した。十八歳で入元した友梅は四十歳になっていた。

故山に帰る

友梅は二十二年ぶりに博多に上陸した。

日本は元徳《げんとく》元年（一三二九）、後醍醐天皇の治世で、この頃故国では天皇の討幕運動である「正中《しょうちゅう》の変」が勃発し、前途に動乱の気配が漂っていた。

友梅は亡き師一寧を慕って鎌倉を目指し、翌元徳二年（一三三〇）一寧の塔所《たっしょ》である建長寺塔頭《たっちゅう》玉雲庵の住持となった。すでに元朝で大寺の住持を歴任している身であってみれば、運動すれば五山の一角にでもくいこめたかもしれないが、師の遺徳を偲《しの》び、一庵の住持に甘んじたのである。

ここに、信濃諏訪社の名族（神官で武士）金刺満貞《かなざしみつさだ》は、諏訪湖畔の慈雲寺に欠員が生じ、友梅の名声を伝え聞いて彼を住持に招いた。ここは一寧が開山となった恩師ゆかりの寺院でもあり、元徳二年四月、友梅は諏訪におもむいた。

このとき建長寺住持であった明極楚俊は友梅の前途を祝して上堂して頌偈《しょうげ》を唱え（『明

極和尚語録』)、同じく建長寺西班首座《しゅそ》であった竺仙梵僊も「雪村禅師慈雲に住す道友疏」なる偈《げ》を呈して激励した(『来々禅子《らいらいぜんじ》東渡集《とうとしゅう》』)。

しかし友梅の諏訪滞在もつかのま、神為頼《じんためより》という、これも諏訪神官の一族が信濃山辺(現松本市)に徳雲寺(現在は徳運寺)を創り、開山として友梅を招いた。元弘元年(一三三一)秋のことである。

しかしここも滞在することわずか一年、正慶《しょうぎょう》元年(一三三二)秋には在京御家人の小串範秀《おぐしのりひで》なる武士が、友梅を嵯峨西禅寺に住持として招いた。この赴任はよほど急であったとみえ、友梅は蔵書すべてを弟子に託してあわただしく上洛した。『行道記』の注記に、

『岷峨集』と中国での典籍類若干があった。信濃国山辺の徳雲寺の開山となって後《のち》、急遽上洛することになったので、弟子良乗に指示してこれらの書籍を託し、追って指示するまで厳重に保管を命じた。良乗は友梅師の指示を畏《かしこ》んで宝物のように管理していたが、盗賊の難を恐れて庫裡《くり》の梁《はり》の上に蔵《かく》しておいたところ、雨漏りのためほとんど紙が駄目になり、いまに残ったのは数枚のみであった。

とある。「数紙」しか残らなかったというのは誇張としても、『岷峨集』に欠失と錯《さっ》簡《かん》が多いのはこの理由による。

友梅が嵯峨にいたあいだに、後醍醐天皇の隠岐脱出や諸国の反北条党の挙兵などがあり、正慶二年（一三三三）五月には鎌倉幕府が滅亡した。小串範秀は友梅に傾倒し、自分の孫を弟子として入寺させた。この孫が後年、義堂周信《ぎどうしゅうしん》とともに将軍義満の教導にあたる太清宗渭《たいしんそうい》である。

さて友梅は洛西にいること一年半、建武《けんむ》元年（一三三四）春に豊後《ぶんご》の大名大友氏泰に招かれ、府内（大分）万寿寺《まんじゅじ》の住持となった。九州に下ったのである。友梅は当地に三年あまり滞在し、多くの詩や法語を作った。彼が豊後にいるあいだに後醍醐天皇の建武政府は倒壊し、京都は尊氏の領導する幕府の天下となり、吉野に後醍醐が対峙する南北朝の動乱期となった。

室町幕府が開かれると、かつて友梅を西禅寺に招いた小串範秀は、禅寺の管理をつかさどる禅律《ぜんりつ》奉行に抜擢され、尊氏の弟直義《ただよし》が主宰する新政府に出仕していた。その範秀のもとへ、建武四年（一三三七）のある日、播磨守護の赤松円心《えんしん》（則村《のりむら》）の使者と称する者が訪れ、今度主人が分国に一寺を建立するにつき、開山住持の推薦を依頼してきた。範秀は一も二もなく友梅を推挙した。

同年七月、播磨千種川《ちぐさ》に下向した友梅は、蛇行して紅葉に映える千種川の清流を、かつて幽居していた成都の錦江になぞらえ、対岸の山を金華山《きんかざん》と称した。同年末、金華山法雲寺《ほううんじ》が落成し、供養が行われた。当時の地誌（『峰相記《みねあいき》』）は、法雲寺は山号を金華山と称し、暦応《りやくおう》年中、友梅西堂の開山であって、諸山（五山十刹に次ぐ寺格の寺）に指定され、将軍家の御願所《ごがんしよ》であった。落成式のときは、檀越《だんのつ》の赤松則村が京都から現地に下向し、国中から人々が群集し、諸国からも参詣人がかけつけ、万人、耳目を驚かす賑《にぎ》わいであった。

と、その開堂のにぎわいぶりを報じている。

赤松円心は、楠　正成《くすのきまさしげ》とともに元弘の討幕では殊功をあげたが、建武政府では後醍醐天皇に冷遇されたのでやむなく尊氏方に付き、建武三年（一三三六）正月の尊氏西下にあたっては播磨白幡城《しらはた》に拠って新田義貞《にったよしさだ》の追撃を妨げた猛者で、室町幕府開創にあたっての最大の功労者であった。しかし友梅の人柄には傾倒し、寺領を寄進して法雲寺を手あつく保護し、また大陸での辛苦で身体が弱っていた友梅のために住房大龍庵を設けて住まわせた。

仲秋の九月、友梅は成都の錦江を追憶して一詩を吟じた。

九月の今宵、正に十三
月光清徹し、龍庵を照《てら》す
嫦娥《じょうが》応《まさ》に咲《わら》うべし、唐人の僻《へき》（嫦娥＝月宮に住む仙女、転じて月の異名）
只《た》だ執る中秋、話談を作《な》すを

友梅の法名はますますあがり、暦応《りゃくおう》三年（一三四〇）には、執政足利直義《ただよし》によって京都五山の万寿寺《まんじゅじ》の住持に任ぜられようとしたが拝辞して動かなかった。南禅寺の住持となっていた竺仙梵僊も偈《げ》を送って赴任を勧めたが友梅は起《た》たず、幕府では檀越の円心に圧力をかけたので、円心もまた進退きわまった。

これを察して友梅は自ら身を引くこととし、ひそかに播磨を脱出して洛西善峰《よしみね》にその身を移した。しかし今度は朝廷の光厳《こうごん》上皇も勅旨によって赤松家に友梅の万寿寺入院《じゅえん》を厳命したので、やむなく円心は自ら善峰に出向いて友梅を説得した。円心はこの陳情中、「通身汗下《くだ》る」（『行道記』）とあるように、冷汗を流し続け、人には、私は戦争となれば百万の軍中に突撃していくのも恐れないが、友梅老師の面前では、ただ一刻対面するだけで、師の威厳が岩のように迫《せま》り、恐ろしいかぎりだ。

とその苦しさを語るのであった。千軍万馬の円心も、友梅の前に出てはその威厳を恐れ、萎縮して話もままならなかったのである。

とうとう友梅も根負けして、円心の請願を受け入れ、康永《こうえい》二年（一三四三）八月、万寿寺の住持に就任した。現在の万寿寺は東山九条の東福寺境内《けいだい》の一角にわずかに寺庵の形をなしているにすぎないが、当時は五条東京極《ひがしきょうごく》に七堂伽藍《しちどうがらん》の偉容を誇っていた。だが友梅は同寺の住持をわずか一年で辞し、康永三年八月、ひっそりと東山清住庵に移り住んだ。

この頃から彼は中風に悩まされ、同月末には摂津有馬温泉に湯治に出かけたりしている。このとき五十五歳であった。

しかし友梅の閑居もつかのま、貞和《じょうわ》元年（一三四五）二月にはやはり五山の建仁寺住持を命ぜられ、赴任した。入院の式の盛大さはのちのちまで語り草となった。たとえばこれより三十五年後の康暦《こうりゃく》元年（一三七九）義堂周信は、鎌倉円覚寺から建仁寺に転じたときの晋山式《しんざんしき》について自らの日記（『空華日用工夫略集《くうげにちようくふうりゃくしゅう》』）に、私が坐禅の儀に入ると、満堂が僧衆で一杯となった。堂外にも人々が満ち溢《あふ》れた。一山の宿老たちはみな、こんな盛儀は、かつて雪村和尚の住持のとき以後、例がないと言った。

と記した。また友梅入院後の様子を『行道記』は、

師は東山の建仁寺の住職となった。師の名声により、宗儀は五山中に喧伝《けんでん》され、諸法は慈雨のように歓迎された。権門や貴族が帰依《きえ》し、参詣者の多いこと折るが如くであった。一寧の祖、凝絶道沖《ちぜつどうちゅう》の名声もかくやと言われた。そこで友梅師は、一室を開いて凝絶の語録の講義をされた。聴聞《ちょうもん》に押しかけた人々は雲のわくように多かった。

と記している。

貞和二年（一三四六）十一月末、友梅は法兄《ほうひん》石梁《せきりょう》 仁恭《じんきょう》の十三回忌法会《ほうえ》に導師として臨んだ。仁恭は友梅の師一山一寧の甥で、一寧にしたがって来日帰化した禅僧である。

ところが友梅は楞厳呪《れんねんじゅ》五段で焼香三拝し起立しようとして右手が曲がらなくなった。脳卒中による麻痺と思われる。病臥した友梅は、身分の高い人たちが派遣した医師や投薬を謝絶した。十二月二日の朝、左手で臨終にさいしての偈《げ》（遺偈《ゆいげ》）を書こうとして書けず、怒って筆を屏風《びょうぶ》に投げつけ、その辺が墨だらけになったなかで息絶えた。翌日荼毘《だび》に付され、清住庵に葬られた。

友梅を敬慕する赤松円心は、建仁寺中に友梅の寿塔《じゅとう》を築いて大龍庵とし、そのそばに私宅を建て、友梅の遺徳を偲びつつ暮らし、死後は墓も友梅の隣りに並べられた。現在は建仁寺塔頭久昌院《きゅうしょういん》内の墓地に、友梅寿塔と並んで円心の墓が立ち、生前の両者の交友を静かに物語る。

生前の友梅は、その特異な経歴からか、「尊貴天性、気圧宇宙、眼空古今」と表現され、また「面目厳冷、平生笑貌なし」（『行道記』）と記されるように、謹厳そのものの相貌で、笑顔などみた者がなかったという。しかし「一飯独飡《どくそん》せず、甘苦衆と同じくす」とあるように、食事だけは僧衆とともにすることを好んだ。

友梅の再発見

江戸初期の儒者、藤原惺窩《せいか》は『岷峨集』を一読して敬服し、「岷峨集を観《み》羅浮堂下に謝す」と題する一詩を吟じた。

漏洩《ろうえい》す岷峨雪裏《せつり》の春　一枝昨夜瓊塵《けいじん》を送る（瓊塵＝玉のちり、ほこり）
林間の縞袂《こうべい》香気早し　人これ花か花これ人か（縞袂＝ねりぎぬの袂《たもと》）

その後、三百年が過ぎた。斎藤秀平は新潟に在住した郷土史家で、京大教授喜田貞《さだ》吉《きち》とも交流があり、昭和前期に活躍し、多くの著作を遺した。

秀平は良寛と並び友梅を越後の生んだ二大傑僧として、彼の事績を世に知らしめようと戦中の物不自由な時期に史料を集め、兵庫県法雲寺はじめ各地を調査して戦後の昭和二十三年（一九四八）正月に『浩歌一曲《こうかいっきょく》　雪村友梅』と題する伝記を公刊した。

本文二百頁近い労作で、とくに友梅帰国後の詩文を網羅し、友梅伝の決定版というべき本であるが、新潟近辺と友梅の関係する禅院のほかは普及しなかったようで、国会図書館にも架蔵されておらず、私は永いあいだ同書を閲覧できずにいた。

昭和五十七年（一九八二）末には、中国仏教史専攻の小野勝年氏著『雪村友梅と画僧愚中』が公刊された。しかしこれは非売品で、著者の関係先にしか配られなかったようで、私は国会図書館で閲覧し、コピーをとった。小野氏著書は斎藤著とは逆に、中国滞在時の友梅の行歴に焦点をあてたものである。

これよりさき、兵庫県龍野市の実業家、高坂好《こうさかこのむ》氏はその著『赤松円心・満祐』（吉川弘文館人物叢書、一九七〇年）の中で、法雲寺時代を中心に数頁にわたり友梅に言及された。本書は本格的な守護大名赤松氏の研究として版を重ね、友梅の名を一般的にした最初ではないかと思われる。

私もこの高坂氏著で友梅に興味を抱き、『行道記』のコピーを懐中して一九九二年には、友梅の行路と逆のコース、武漢→三峡→成都→桟道→長安と旅行し、翌年には峨眉山を巡拝し、いささか友梅の「行道」の跡をたどってみた。一九九四年八月に上梓した拙著『元朝・中国渡航記』（宝島社、現在は絶版）はその成果の一部であるが、斎藤著書は参照せずに執筆したので、いまから顧みると遺憾な点が少なくない。

日本道路公団ＯＢで古代道路の研究家、武部健一氏はまた技術コンサルタント会社の会長でもあった。たまたま拙著を読んでおられた武部氏は、九五年五月、中国での業務の余暇、湖州の道場山に立ち寄られ、住持や地元の幹部に友梅・叔平の故事を話された。地元では初めて聞く話だったようで、友梅らの名も知られていなかった。

武部氏は帰国後、拙著の主要部分の漢訳をつくり、湖州市旅遊局や道場山（万寿寺）に送付された。旅遊局副局長の黄𤇆氏は、友梅・叔平の話に感動され、さっそく地元紙の『湖州日報』に「日本和尚魂牽道場山」と題して友梅にまつわる故事を紹介された（同紙九六年二月九日付）。

たまたま『産経新聞』からエッセイを依頼されていた私は、九六年四月二十八日の文化欄に「甦った元朝中国渡航禅僧」というテーマで、そうしたいきさつを紹介した。元来私は、友梅と叔平和尚の美しい交友を何とか日本の読者に一人でも多く知ってもらいたいという寸志からあの本を執筆したのであって、中国の現地をまきこむようなおおげさな反響はまったく予想もしていなかった。

しかし話は日本側では武部氏を中心に急速に進展しだした。「雪村友梅日中友好顕彰会」なる記念会が結成され、私は不本意ながら会長にまつりあげられ、新潟県長岡市関係、友梅ゆかりの建仁寺や信濃徳運寺、播磨法雲寺の住職方、その他私の産経紙記事に興味を示された民間の篤志家などが名を連ねられた。

友梅出生地である長岡市の協力を得るため、私と武部氏は、九六年三月、同市役所に出向いて市長にもお会いして陳情した。このような騒ぎの影響もあってか、拙著もたちまち品切れとなった。長岡市方面の方で、拙著の購入を希望する人は多いが、なにぶん地味な内容で、版元ではいまのところ再版の予定はない。

一時は、現地道場山の一角に友梅記念堂を建設しようというところまで話は進んだのであるが、現在はその計画は頓挫している。というのは、史料の出処がすべて日本側だけであり、肝心の中国側に文献が残っておらず、あちらの仏教界や学会も二の足を踏んでおられるようなのである。ただ私としては、友梅の名を拡めるという所期の目的は十二分に達せられたことでもあり、記念堂には未練も抱いていない。

また、文化大革命の影響もあって、中国側の史料の散逸には無理からぬ事情も察せられる。いずれ中国でも元朝史に研究が進み、あちらでの関心もたかまれば、友梅・叔平の故事が顧みられることもあるかもしれない。

広義門院

幕府がひれ伏した女院

（一二九二年―一三五七年）

鎌倉末期の後宮の女性たち（『太平記絵巻』埼玉県立歴史と民俗の博物館蔵）

危機を収拾する女性

本章では女性を取りあげる。それも北条政子、日野富子らと匹敵する女性権力者（政治家）でありながら、一般にはまったく知られていない広義門院《こうぎもんいん》（実名、西園寺寧子《ねいし》）という人物に登場してもらう。後にくわしく見ていくように、彼女は南北朝動乱の決定的な時点、すなわち北朝の再建という重大な局面において、急遽室町幕府によって〝国王的〟地位にひっぱりだされるという運命をたどった。

わが国の歴史には、古くは邪馬台国《やまたいこく》の女王卑弥呼《ひみこ》、またその娘の台与《とよ》以来、崇峻《すしゅん》天皇暗殺後の推古天皇、壬申《じんしん》の乱後の持統天皇、恵美押勝《えみのおしかつ》の乱後の称徳《しょうとく》天皇、源実朝《さねとも》暗殺後の尼御台《あまみだい》政子《まさこ》といった具合に、国家の危機的状況にさいして、しばしば女王あるいは女帝が擁立されるという伝統があった。

広義門院の場合もその延長線上に位置づけられるわけであるが、それにしても女帝の制度が絶えてひさしい中世、それも南北朝動乱という戦争中になぜ女性がかつぎだされたのか、またいままで、どうして彼女の名が南北朝史の闇の底に埋れてきたのか、彼女の登場にはいろいろ疑問や謎がわきでてくる。この章ではその辺のところも含め、中世の女性の社会的地位がどうして高かったのかという問題を、彼女を素材にしてじっくり考えてみたいと思うのである。

なお「――門院」とは、女院号といって、皇后や内親王など天皇の嫡妻やそれに準ずる高貴な女性に与えられる称号であって、天皇号のように没後に贈られる諡号《しごう》ではなく、その地位が発生した時点において、「宣下《せんげ》」という手続きによって与えられるものであることをつけ加えておく。

この制度は古代にはなく、律令の後宮制度が変貌した平安中期に現れたもので、一条天皇の皇太后詮子《せんし》（摂政兼家の娘）が、病気が悪化し、出家するにさいして「東三条院」と称されたのが最初で、道長の娘彰子《しょうし》が万寿《まんじゅ》三年（一〇二六）「上東門院」の号を宣下されて以来、内裏の門や居所の名を冠することが定着した。

したがって元来は摂関の子女が天皇の嫡妻となったことにともなう称号であったが、院政期に入ると、上皇の娘で他の天皇の准母《じゅんぼ》（後述）となった女性も、この称号が与えられることになった。

若年で天皇の「母」に

さて、出生から前半生の話に移る。

寧子は、前々章で触れた左大臣西園寺公衡《さいおんじきんひら》の娘である。京極為兼《きょうごくためかね》と公衡は、為兼が佐渡から帰還した当時はそれほど悪いあいだがらではなかったのだが、公衡は為兼がふたたび伏見《ふしみ》上皇の寵《ちょう》を得て〝驕慢僭上《きょうまんせんじょう》〟を重ねるにいたり、晩年、しだいに憎悪するようになった。だが、病気の身となり、為兼が拘引される以前に世を去った。

さて寧子の前半生については、橋本芳和氏による「広義門院西園寺寧子の基礎的考察――入内《じゅだい》及び女院号宣下の背景」（『政治経済史学』二六〇号、一九八七年十二月）という労作がある。以下この橋本論文に拠《よ》りつつ、生い立ちと鎌倉末期までの彼女の略歴をたどることとしたい。

寧子の母は、『女院次第』には「従一位藤（藤原）兼子」とあって藤原一族の高貴な女性のように記されているが、『尊卑分脈《そんぴぶんみゃく》』という、相当に信頼できる系図によれば、「家女房《いえの》、左馬助光保女」と記されている。

橋本氏によれば、光保というのは、十一世紀後半の関白である藤原師実《もろざね》の孫の「難波流」という家から出た下級公卿であるらしい（『尊卑分脈』には「正五位下左馬頭」とある）。以上要するに、寧子の母は、摂関家庶流の身分の低い公卿の家に生まれたが、のち寧子を生み、しかも寧子が天皇の后となるにおよんで、従一位という高い位を与えられたとみられる。

寧子が生まれた正応《しょうおう》五年（一二九二）は、父公衡は二十九歳、祖父実兼四十四歳で、すでに述べたように京極為兼の羽振りがよかった伏見天皇親政期である。乾元《けんげん》元年（一三〇二）、寧子が十一歳のとき、彼女は持明院統《じみょういんとう》の御所である富小路殿《とみのこうじどの》において、「着《ちゃっ》袴《こ》の儀」をとげ、伏見上皇の猶子《ゆうし》となった。着袴というのは、貴種の少年少女が行う通過儀礼のことである。為兼はこの頃まだ佐渡の配所にあった。

当時はいわゆる両統迭立《てつりつ》の世で、大覚寺統《だいかくじとう》・持明院統のいずれが皇位に就くかは鎌倉幕府の胸三寸にあり、関東申次《もうしつぎ》の重職にある西園寺氏としては、両統どちらにも保険をかける意味で、その子女を両派の天皇、上皇らに入内（結婚）させていた。

平安朝以来、公卿の婚姻のあり方は、女性史研究家の高群逸枝《たかむれいつえ》の研究で明らかにされたように、いわゆる婿《むこ》入り婚（妻問《つまど》い婚）であり、男が女の実家に通うかたちであったが、鎌倉初期から新夫婦を母方の実家の別邸に住まわせる経営所婚《けいえいしょこん》も始まっていた。これにたいし天皇家のみが〝妻問い〟でなく入内という形式をとっていたのは、昔《いにしえ》の略奪婚の名残《なごり》であるという説がある。

寧子が着袴の儀を富小路殿で挙行したのは、この段階ですでに父公衡が持明院皇統の天皇に入内させる心づもりであったということだろう。

しかし嘉元《かげん》二年（一三〇四）七月、持明院統の大黒柱であった後深草法皇が崩じ、翌年九月、大覚寺統の祖、亀山法皇も崩御するにおよんで、両統の対立が激化することになった。

それ以前は、温厚な後深草法皇が持明院統内にたいして自重をうながし、衝突を抑えていて、後深草の晩年には、両統のあいだに親善の風さえみられたという。

はたして亀山崩御後の嘉元三年末、公衡は後宇多上皇から勅勘《ちょっかん》を蒙り、籠居《ろうきょ》のうえ、家領没収という憂き目にあった。これは、公衡の妹昭訓門院瑛子《しょうきんもんいんえいし》（亀山妃）の子である恒明《つねあき》親王を亀山が愛し、公衡に後事（恒明の登極）を託して崩じたからである。

さいわい、公衡の勅勘は三カ月ばかりで解かれ、翌嘉元四年二月には公衡は内裏仙洞に出仕した。十五歳の寧子が、当時十九歳の後伏見上皇仙洞の後宮に入ったのは、公衡出仕の二カ月後、同年四月のことであった。後宮での寧子の地位は女御《にょうご》で、将来は皇子出生を期待されていたことはもちろんである。

このように、寧子は内裏ではなく仙洞の後宮に入ったのであって、厳密には入内ではないが、学界ではこのケースもあわせて入内と称しているようである。

延慶《えんぎょう》元年（一三〇八）八月、大覚寺統の後二条天皇が病により二十四歳の若さで崩じ、後伏見の弟、皇太子富仁《とみひと》が践祚《せんそ》して花園天皇（十二歳）となった。持明院統の治世となり、その父、伏見上皇が院政を執ることになったが、このときつぎの皇位継承者に立てられたのは、天皇より十歳近くも年長の尊治《たかはる》（のちの後醍醐天皇）であった。

花園の践祚で京極為兼が権臣として復活したことはすでに前々章で述べたとおりだが、為兼と同様、にわかに脚光を浴びることになったのが、まだ十七歳という少女、西園寺寧子であった。寧子は延慶二年（一三〇九）正月九日、従三位に叙せられ、同月十三日には准三后の宣下を受けた。『女院次第』に、

（延慶二年正月）同十三准三宮［准母による］

とあるように、十八歳の寧子は十三歳の花園天皇の「准母」とされたのである。准母というのは、儀礼上天皇の〝代理母〟とされる女性のことである。

「准母」はつぎのような場合などに必要とされる。たとえば、天皇の実母が崩じたさい、ふつうは当然諒闇《りょうあん》（服喪）となるが、何らかの事情で諒闇が行われがたいときは、

代理母を立ててつじつまを合わせる。いま一つのケースは、天皇の実母の出自が低いとき、儀礼上の代理母を立てて、実母は儀式に出さないのである。

では、花園天皇はなぜ准母を立てねばならなかったのか。

花園の実母は、顕親《けんしん》門院季子で、西園寺家の庶流、洞院実雄《とういんさねお》（西園寺公経の次子）の娘である。西園寺よりは一段下とはいえ、それほど出自が卑しいとはいえない。したがって、花園天皇に准母が立てられたのは、別の事情である。

次頁系図の数字は、いわゆる両統迭立による皇位と院政の継承順位を示したものである。元来この迭立の紛議は、同母兄弟である後深草・亀山両天皇のうち、弟の亀山をかわいがっていた父後嵯峨上皇が後継を示さずに崩じたので、母大宮院《おおみやいん》が裁定をくだし、亀山を後継にすることになったのだが、後深草の悲嘆に同情した北条時宗が、亀山の子である後宇多の皇太子に、後深草の子である伏見を立てたことが発端である。

後嵯峨上皇、大宮院、北条時宗、いずれにも責任があるが、後嵯峨が後継を決めなかったのは承久以来の慣例にしたがったものであるし、その後室《こうしつ》（未亡人）大宮院の裁定も、幕府に強請されてのことであるうえ、亡夫の素志を正直に伝えたのだから、やむを得なかったといえる。よって迭立による混乱の最大の責任者は、後深草に同情するという、政治に私情をはさんだ北条時宗であるということになろう。

それはともかく、伏見天皇は、子の後伏見が若年でまだ息子をもっていなかったため、やむなく後伏見の弟、富仁《とみひと》（花園）をワンポイントリリーフで後伏見の一期の後継と定めたが、後伏見に嫡子誕生のあとは、花園に家督をあきらめるようきつく申しわたし、置文《おきぶみ》（遺言）を作成して後伏見・花園の兄弟に示している。この置文はいまに天理図書館に伝わっている（後伏見天皇宸翰伏見天皇御置文案、永島福太郎氏著『百人の書蹟』参照）。

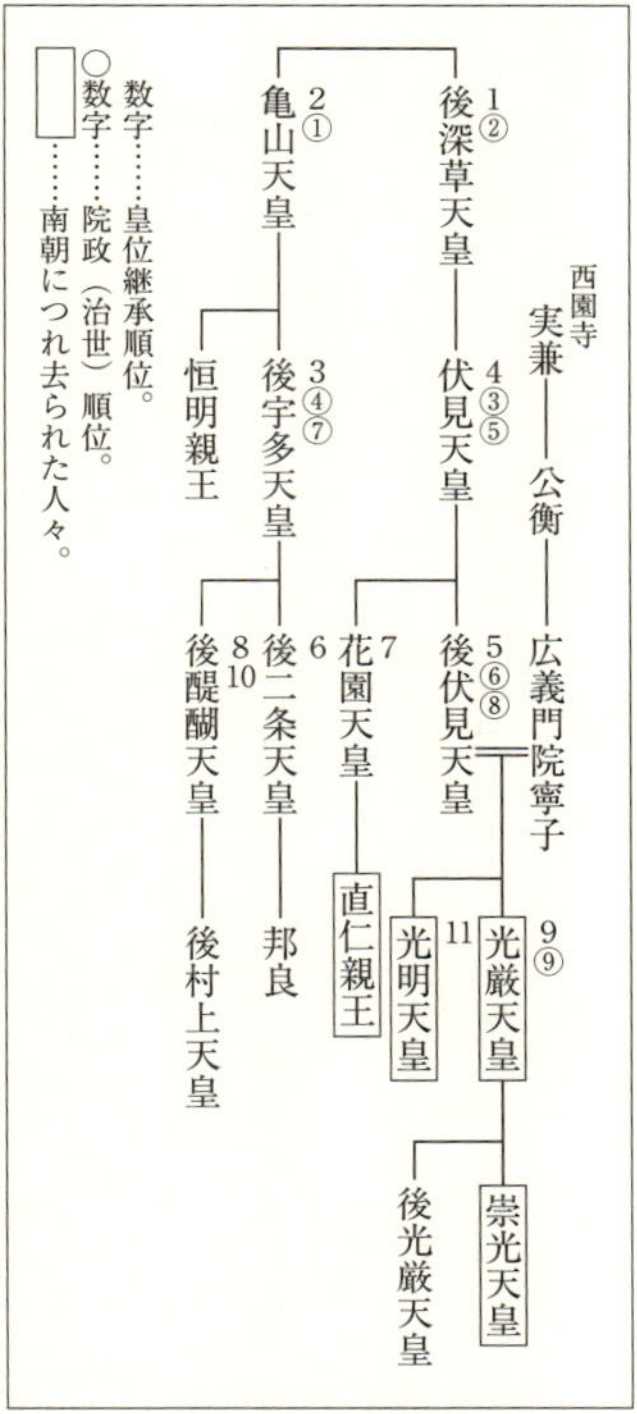

皇位と院政の継承順位

したがって、花園天皇はあくまで実兄である後伏見上皇の猶子としてかりに持明院統を預かったのであって、兄とのあいだは父子の関係とみなされていたのである。

まだ皇子も皇女も出生せぬ十八歳の寧

子が、後伏見上皇の本妻として花園天皇の准母にすえられたのは、以上のような理由からと考えられる。

最近の研究によれば、准母立后制とは、分裂した皇統下にあって、上皇が「自身の皇統を立ち上げ周知せしめる手段として」創出されたという（栗山圭子氏「准母立后制にみる中世前期の王家」『日本史研究』四六五号）。以上に見た広義門院の准母立后もまさに栗山氏の論旨に合致するものといえよう。

南北朝時代を生きた歴史家、洞院公賢《とういんきんかた》はその著『増鏡《ますかがみ》』において、その辺の事情と背景をつぎのように叙述している。

この天皇（花園）をば、新上皇（後伏見）の猶子として遇することになったので、朝観《ちょうきん》の行幸（天皇が父なる上皇を遇する儀礼）の御拝礼なども、新上皇の御前にて行われた。広義門院も、したがって国母の待遇となり、万事めでたいことであった。

国母となる

寧子は准母、准三后《じゅんさんごう》（皇后・皇太后・太皇太后の三后に准ずる待遇の意）に宣下され、儀礼として義子《ぎし》となった花園天皇に対面するため、行列を仕立てて内裏へ入った。狭義の入内とは、このように公式の冊立《さくりつ》があって、内裏に女性が入ることをいう。

このときの寧子入内の式次第の記録は残っていないようであるが、後年、足利義満の正妻、日野康子《やすこ》が准母に宣下されて後小松天皇と対面した儀礼は、広義門院と花園天皇との対面にのっとって行われたので、それから類推すると、寧子の入内はつぎのようであった。

正月二十七日、摂政鷹司《たかつかさ》冬平《ふゆひら》以下廷臣が寧子の居所（富小路殿か）に集合し、寧子の牛車《ぎっしゃ》のあとに美女二人ずつを乗せた出車《いだしぐるま》十両がつらなり、これに諸卿がしたがい、内裏に向かった。内裏では花園天皇が小御所《こごしょ》に出向いて、准母寧子と対面し、ここに入内の儀礼が一応完了することになったらしい。

この二カ月後、寧子の父の公衡は左大臣に昇進している。やがて公衡と為兼が伏見上皇の寵を競って対立し、為兼再度の失脚にいたることはさきに別章で触れた通りだ。

さて寧子は健康にも恵まれ、後宮入りから七年後の正和二年（一三一三）、量仁《かずひと》親王（のちの光厳《こうごん》天皇）を出生し、さらに元亨《げんこう》元年（一三二一）には豊仁《とよひと》親王（のちの光《こう》明《みょう》天皇）を生んだ。持明院統の正嫡《しょうちゃく》となる男子二人を生んだのであるから、ここに後宮内での彼女の地位は確立したことになる。

もし男子が生まれなければ、彼女は後宮の老女として平凡平穏な余生を送ったことであろう。皮肉なことに、寧子は正嫡二人の母となったことから、運命は急転し、〝狂瀾〟の晩年を迎えることになる。すべて、元弘《げんこう》・建武《けんむ》の争乱、南北朝の動乱という大戦争が、彼女の後半生に待ちうけていたためであった。

文保《ぶんぽう》二年（一三一八）、幕府のはからいにより花園天皇は皇太子尊治《たかはる》に譲位し、尊治が後醍醐天皇として践祚、その皇太子には後二条の子、邦良《くによし》が立てられ、持明院統の治世は遠のいたかに見えたが、嘉暦《かりやく》元年（一三二六）三月邦良が急死したので、持明院統待望の量仁の立太子が実現した。近い将来、寧子は国母となるべく、ここに運命づけられたわけである。

ところが天皇の後醍醐にしてみれば、皇太子は邦良、量仁と他人の子であって、わが子に皇統を伝えることはできず、しかも自らの在位期間も幕府に握られていることになる。

このような憤懣《ふんまん》から、後醍醐は討幕運動を企てることになるのだが、幕府要人は、はじめ（尊治の践祚以前から）後醍醐を優れた君主として非常に期待していたのだから皮肉であった。花園の在位中、花園自らが日記に「関東の万人《ばんにん》、東宮《とうぐう》（尊治）の方《かた》人《うど》（味方）か」と書いているから、事実である。

邦良が在世中、日野資朝《すけとも》、俊基《としもと》らが〝正中の変〟（後醍醐が中心となっていた討幕計画が幕府に露顕した事件）を起こしたときも、後醍醐はこれに関知せずとの弁明が、幕府に認められた。幕府側がいかに後醍醐を買いかぶっていたかがわかる。

ところが、金沢貞顕《かなざわさだあき》（六波羅探題貞将《さだまさ》の父）のような一部の幕府要人は、密偵を天皇の周囲に放ち、元徳《げんとく》元年（一三二九）のころ、天皇が関東調伏《ちょうぶく》の呪詛《じゅそ》を行っているとの情報をキャッチしていた（百瀬今朝雄《ももせけさお》氏「元徳元年の『中宮』御懐妊」『金沢文庫研究』274号）。

ついで翌々年（元弘《げんこう》元年）四月、天皇の近臣、吉田定房《さだふさ》が「主上《しゆじよう》、世を乱《みだ》しめ給ふ」旨、つまり天皇の討幕計画を関東に密告した。

ようやく幕府首脳（長崎高資《たかすけ》）がことの重大さを認識し、大軍をさしむけ、天皇捕縛の準備をなした矢先、後醍醐は神器を携帯して内裏を脱出、笠置《かさぎ》山に籠城した。同年八月のことである。

幕府はただちに後醍醐の廃立《はいりつ》を決し、後伏見上皇の院政を復活した。九月二十日、量仁親王が神器なしで後伏見上皇の「伝国《でんこく》の詔宣《しようせん》（譲位の命）」によって践祚した。

神器なしの践祚とは異常にはちがいないが、じつはこれは平家都落ちのあと、後白河上皇の詔宣によって践祚した後鳥羽天皇の先例にならったものであった。ここに広義門院は国母となったわけである。

このあとほどなく、先帝後醍醐は笠置から山城有王山《ありおうやま》まで逃れたところで捕らえられ、ついで隠岐《おき》に流されるが、諸国の討幕勢力がさかんな勢いで展開し、持明院皇統の運命は急転直下、正慶《しょうきょう》二年（一三三三）三月、光厳天皇と後伏見・花園の両上皇は幕府の奏請で六波羅に移ることとなり、さらに五月七日、赤松円心《あかまつえんしん》と足利高氏《たかうじ》（のち尊氏と改名）の攻撃で天皇と両院は京都を脱出して東国へ向かうことになる。

『太平記』によれば、糟屋《かすや》宗秋なる武士が探題（北条）仲時《なかとき》に東国での決戦を勧め、

探題の両殿も、その通りだと判断され、「それではまず、国母、皇妃、母君をはじめ、皇族の女性方を優先してひそかに脱出させ、その後、心おきなく我々は包囲勢のどこかを突破して東国へ参ろうぞ」と評定《ひょうじょう》されて（中略）広義門院、皇妃はじめ女房達まで、履物《はきもの》もはかずはだしで脱出された。

とあるように、まず女性たちを逃がして、その後六波羅をひきあげにかかった。寧子はおそらくこのとき、実家の西園寺家の北山第《きたやまだい》に逃れたと思われる。

中先代の乱にまきこまれる

天皇と両上皇は、近江番場《おうみばんば》（米原《まいばら》の東方）まで臨幸したところを、探題の軍隊が潰《かい》滅《めつ》したため後醍醐方に捕らえられ、京都に連れもどされた。

こうして後醍醐天皇がふたたび天皇の位につき、光厳は廃立、いわゆる建武《けんむ》政府が京都に成立した。寧子四十二歳のときである。ところが建武政府は永続きせず、建武二年（一三三五）二月に入ると北条の残党が伊予・信濃《しなの》などに蜂起し、いたるところで政府軍と戦争になった。

なかでも最も大がかりであった陰謀は、北条時行《ときゆき》・時興《ときおき》らが京都・信濃に東西呼応して叛乱を起こし、後伏見上皇を盟主として院政を復活させようとしたものである。鎌倉陥落時に陸奥《むつ》へ逃れた時興が、変装して上京し、ひそかに大納言西園寺公宗《きんむね》にわたりをつけ、挙兵におよぼうとしたのである。公宗は寧子の甥《おい》で、当時同家の当主であった。

しかしこの企ては、公宗の弟公重《きんしげ》が密告して出たため、六月二十二日、後醍醐天皇は楠《くすのき》正成《まさしげ》、高師直《こうのもろなお》らをさしむけて北山第を包囲させ、公宗は捕らえられて処刑された。

『太平記』は、

事情を知らない奥方、女房・家来どもは「これはまたどういうことだ」とあわてふためき、逃げまどった。

と騒動を伝えている。

寧子が当時、北山第にいたかどうかはわからないが、おそらく騒ぎを聞いて震えあがったことであろう。

公宗の弟、俊季《としすえ》は計画は失敗だと察し、いち早く北山第から裏山へ脱出し、丹波方面に逃亡したが、このため包囲の政府軍は、

御所中ヲ能々見奉《よくよくみたてまつ》レトテ、数千ノ兵殿中（北山第）ニ乱入テ、天井塗籠《ぬりごめ》打破《うちわ》リ、翠簾几帳《すいれんきちよう》ヲ引落シテ、残処《のこるところ》ナク捜《さが》シケリ。

と厳重に捜索したが、俊季はついに姿をくらました（『太平記』）。

西園寺家に代々仕えていた三善文衡《みよしふみひら》は捕らえられて結城宗広《ゆうきむねひろ》に預けられ、「夜昼三

戦乱に追われ、逃げまどう人々（『秋夜長物語絵巻』）

日マデ、上ツ下ツ拷問《ごうもん》セラレケル」結果、すべて白状して陰謀が判明した。

西園寺公宗の処刑は、平安初期の薬子《くすこ》の変以来、中止されている公家の死刑の例として特異なものであった。寧子はじめ西園寺家の人々を震撼させたであろうことは想像にかたくないが、文衡の拷問といい、厳酷な処分は後醍醐の怒りを示すものであろう。天皇の寵臣であった北畠親房《きたばたけちかふさ》は、

陰謀がたくらまれているとの情報があって、天皇から嫌疑を受けた面々のうち、かねて逮捕されていた大納言公宗卿も、この騒ぎにまぎれて処刑された。（中略）遠く平安初期の弘仁《こうにん》年中に死刑が廃されて以後（中略）大納言以上の貴族は死罪としないという不文律があったにもかかわらず、こんなことになったのは司直の人々の誤《あやま》ちであると噂された。

と、後醍醐を弁護するように書いている（『神皇正統記《じんのうしょうとうき》』）が、これは怪しい。ただ、西園寺の家と家領は、密告した功を評価して、公宗の弟公重が継ぐことを許された。京都で陰謀が露顕し、蜂起計画は挫折したにもかかわらず、信濃では同年七月、予定通り北条時行が蜂起し（これがいわゆる中先代《なかせんだい》の乱）、碓氷《うすい》峠から一直線に鎌倉に攻めくだった。

京都から足利尊氏が征討将軍として派遣され、いったん北条方に陥った関東を天皇方に回復するが、後醍醐の帰京命令にも尊氏・直義《ただよし》の兄弟は上洛せず、やがて鎌倉を拠点に、叛旗をひるがえすことは周知のとおりである。

建武二年末、尊氏・直義兄弟は、天皇の処遇に不満をもつ武士を集めて、東海道を京都へ進軍した。だが尊氏は建武三年（一三三六）正月、洛中で楠・新田《にった》の天皇方諸軍と戦い、敗れて兵庫方面に撤退した。

寧子や西園寺家をとりまく環境も激しく変転していた。寧子の夫、後伏見上皇は失意のうちに病に崩じ、寧子も服喪のため出家して尼となった。同年二月二十日のことである。ときに寧子四十五歳。

ところが運命（天下の形勢）はまたも一転し、尊氏は九州で兵を蓄えて大軍を擁して瀬戸内海を東上し、同年五月、湊川《みなとがわ》の決戦で楠正成を撃破してついに天下人となった。しかも尊氏は、西下中にひそかに人を派して光厳上皇と接触し、後醍醐追討の「院宣《いんぜん》」を獲得することに成功していたのである。

六月、尊氏が入京したことによって光厳院政が始まった。後醍醐の厳重な監視下、日陰の地位にあった寧子や、処刑された西園寺公宗の遺児らは、ふたたび脚光を浴び、寧子は執政上皇の母としてふたたび政界に重きをなすことになった。

これでようやく、広義門院にも安穏な老後が約束されたかと思われたが、時は流れて十三年後、彼女はまたも怒濤《どとう》の波にまきこまれるのである。

三上皇、拉致される

貞和《じょうわ》五年（一三四九）夏から始まる三年間の戦争を、南北朝内乱のなかでもとくに「観応《かんのう》の擾乱《じょうらん》」と呼んでいるが、この経過を語りだすと複雑怪奇で読者の混乱を招く恐れもあり、ここではごく概略にとどめる。

擾乱の発端は、将軍尊氏と副将軍格であった弟直義の対立である。二転三転の曲折ののち、観応二年（一三五一）十月、この兄弟の対立は決定的となり、直義は北陸に逃れ、さらに迂回して鎌倉に入った。尊氏は弟を亡ぼすために南朝と講和（名目上は降参）し、翌月、京都を発して関東に向かった。

尊氏の南朝、後村上《ごむらかみ》天皇への帰参（あくまで戦略上のもの）は十月二十四日で、北朝の観応年号は廃され、正平六年と改まり、また北朝の崇光《すこう》天皇（寧子の嫡孫にあたる）は廃立、院政も停止され、天下は形式上後村上天皇の親政となった。これを「正平一統《しょうへいいっとう》」と呼ぶ。

講和の条件は、公家にたいしては吉野朝、つまり南朝の全面支配、武家（幕府）については、

武士については、従来永く召仕《めしつか》ってきたことを考慮して、尊氏が支配することを認めるとの勅許がおりたということだ。

と伝えられており（『園太暦《えんのたいりやく》』）、幕府の存続と、尊氏の将軍在任は認められることになったようである。その他細かい点は何も決められておらず、玉虫色の解釈のまま、尊氏は子息義詮《よしあきら》に西国の成敗をゆだねて鎌倉へ出立した。

吉野朝（後村上天皇）は北朝の前太政大臣洞院公賢を左大臣一上《いちのかみ》（公家の最上首）に

任じて京都の責任者とし、廃立された崇光天皇から三種の神器（一三三六年に後醍醐から接収したもの。吉野へ脱出後、後醍醐は京都の神器は偽物《にせもの》と宣言していた）を接収した。ただ南朝の使者は、後村上天皇は当分、京都には出てこないと言明した。

だが、これは幕府を油断させる虚言であった。南朝の謀臣、北畠親房は、講和と見せかけて明年閏《うるう》二月を期して、京都と鎌倉を同時に軍事占領するという密謀をひそかにめぐらしていたのである。

幕府と南朝が共同統治するのは元来無理な話であり、正平七年（一三五二）二月末には早くも京都で「公家・武家和談の事未熟《みじゅく》、天下また争乱出来《いでき》たるか」という噂がとびかっていた。

閏二月六日には在信濃の宗良《むねよし》親王が征夷大将軍に任命された。これは尊氏の将軍が剝奪され、幕府の存在が認められなくなったことを示す。

同月十五日、後村上は住吉行宮《すみよしあんぐう》を発して天王寺に進駐し、十九日には石清水八幡宮に入った。お人好しの義詮が、ようやく南朝の陰謀に気づいたのは十六日頃で、狼狽《ろうばい》して軍備に着手したが遅すぎた。

後村上は二十日、「高氏・義詮勅免を蒙《こうむ》りながら、重《かさね》て陰謀の企《くわだて》あるに依《よ》り、追討せられんが為《ため》八幡に臨幸」と呼号して諸国の南軍に一斉蜂起を呼びかけ、北畠顕能《あきよし》・

楠木正儀《まさのり》らの南軍は洛中に突入して七条大宮に義詮の幕府軍を大破した（『神護寺交衆任日次第』）。

義詮は近江四十九院《しじゆうくいん》まで逃亡してようやく態勢を立てなおした。『太平記』によれば、途中、瀬田で自殺しようとして佐々木道誉《どうよ》に止められたという。三上皇以下、貴種の要人を見捨てて逃げた醜態に、自己嫌悪に陥ったのかもしれない。

京都では懸念された事態が進行していた。後村上天皇が、京都占領の翌日（二十一日）朝、勅書を発し、光厳・光明・崇光の三上皇と、退位させられた皇太子（廃太子）直仁親王の四名の皇族を、「天下安全のため」と称して八幡の南軍陣営に移すよう、左大臣公賢に命じたのだ。

公賢はいやな役まわりに困惑したにちがいないが、「曾《かつ》て御怖畏《ふい》候まじく候（恐がられることはありません）」というなだめ言葉の奏状を蔵人光資《みつすけ》に持たせて三上皇の御所である持明院殿につかわした（『園太暦』）。

しかし四皇族は容易にはしたがわず、夕刻がせまり、北畠親房の子顕能が大勢の武者を率いて持明院を包囲し、抵抗する四人を牛車に拉致《らち》して、東寺へ連れさった（『祇園執行日記《ぎおんしぎょうにっき》』）。

『太平記』は、寧子以下の悲嘆をつぎのように記す。

顕能は百余騎の軍兵を率いて持明院殿へ推参《すいさん》し、（中略）周囲の道路と諸門を固めて包囲したので、「すわ、武士どもが来て、上皇・天皇を連れさろうとする」と女院・皇妃らは恐れ惑《まど》って寝込まれてしまった。（中略）本院と新院の両上皇、天皇、皇太子は同じ車に乗せられ、南門より連れ出された。（中略）女院・皇妃は御簾《みす》の内、几帳《きちょう》の陰につっぷし、女房らは馬道《めどう》や局《つぼね》の物陰《ものかげ》にて声もかくさず泣き悲しまれた。

こうして、南軍はいち早く北朝皇族の身柄を南方へ連れさった。「天下安全の為」とはもとより虚言で、北朝が二度と天皇を擁立できないようにするためであった。

義詮は近江にあって諸国の北軍を糾合し、ようやく三月十五日、京都を奪回した。しかし三上皇、廃太子は、それより早く三月三日には河内東条《かわちとうじょう》（大阪府南河内郡河南町付近）に移されていた。

幕府方はたたみかけるように男山（石清水）の陣営を攻撃し、五月十一日、ついにこれを陥れた。

後村上天皇以下の南軍は大和に撤退したが、四皇族は六月二日、東条からさらに遠く賀名生《あのう》（奈良県吉野郡西吉野村）に連れさられた。京都からは雲煙の彼方《かなた》である。

大空位時代

正平一統はすでに破綻した。

閏二月二十日以来、ふたたび南北両朝併立が実現したのであるが、北朝には天皇がおらず、これより約半年のあいだ、史上未曾有というべき〝大空位時代〟が続くのである。このあいだの京都、ことに公家界の状況を見ていくと、この国に天皇がいないとどういう事態に陥るかということが如実にうかがわれて興味深い。

四月一日、平座《ひらざ》以下宮中の儀式が行われないのを嘆いた公賢は、「只《た》だ戎狄《じゅうてき》（野蛮人）の国の如《ごと》し。哀《かなし》い哉《かな》哀い哉」と日記に書く。

六日には松尾・平野両社の祭礼が流れ、「凡《およ》そ神事以下諸事廃怠、天下 併《しかしなが》ら塗炭《とたん》に墜《お》つ」と記され、十七日には賀茂祭《かものまつり》が、二十二日には吉田祭が延期された。「頗《すこぶ》る希代《きだい》の事なり」「併ら蛮夷《ばんい》の国たるか」。公卿たちの焦燥といらだちが伝わってくる。

しかし、儀礼や祭事の停廃はまだしも、数々の官吏の人事が滞ることこそ行政に深刻な影響が出てくる。神祇伯《じんぎはく》や天台座主《ざす》など寺社の最高法官が空席なら、将軍・関白という、幕府や朝廷の重職も空白であり、怨嗟《えんさ》（恨みごとや不満）の声が世間に満ち

四皇族が連れさられた賀名生に残る南朝の皇居跡
（奈良県吉野郡西吉野村）

みちた。

　折りから初夏というのに奈良春日《かすが》山の山木が枯れはて、春日明神が現世を見限って天上へ戻られたという噂も広がり、人々の不安をかきたてた。

　南都の高僧の注進《ちゆうしん》は、「さても春日山の木共《ども》枯れ候《そうら》いける事、（中略）今は日を経て枯れあさり候浅《あさ》ましさ、言の葉も候わず、心細く覚えて候」とこの状況を物語っている。枯れるのを止めるには、神楽《かぐら》によって神慮をなだめるほかないが、氏長者《うじのちようじや》（氏族の首長）が空席なので、神楽もできないのである。

　もとより幕府も公家も、手をこまねいていたわけではない。南朝とのあいだに幾度か三院と廃太子の還京交渉が行われたが、神器に上皇と、皇位継承の要件をふたつとも確保している南朝は強硬な態度で、六月初め、交渉は決裂した。

太政官弁官局の左《さ》大史《たいし》（事務次官）小《お》槻匡遠《づきまさとお》の日記によると、義詮の腹心、佐々木道誉が伝奏《てんそう》の勧修寺《かじゆうじ》経顕《つねあき》邸を訪れ、「三宮《さんのみや》御登壇、幷《ならび》に女院（寧子）御政務の事」を申し入れたのは、六月三日のことであった。

三宮とは、光厳上皇第三皇子弥仁《みつひと》（崇光上皇の弟）のことで、このとき十五歳、長く母の実家、日野資名《すけな》邸で養育され、さいわい南軍の探索の網にもれて、吉野へ拉致されずに在京していたのである。弥仁の身柄が確認されたのは四月初めのことで、彼を北朝の新天皇に擁立することは早くから決まっていたが、皇位継承の手続きが難題であった。

白河上皇の院政以来、践祚儀《せんそのぎ》の主宰者が執政上皇（治天・政務）であるという慣行が確立したので、たとえ神器なしでも上皇の伝国詔宣があれば践祚は可能だった。平家都落ち後の後鳥羽天皇の践祚も、後白河上皇の詔宣で強行されたし、鎌倉末期の光厳天皇、室町初期の光明天皇らも、いずれも神器を欠いた状態で、伝国詔宣で即位していた。要するに、平安末以降、神器は皇位継承の絶対要件ではなくなり、伝国詔宣こそが必要条件となっていたのである。

だが今度の皇位継承は、神器はおろか詔宣をくだす上皇も連れさられて一人も在京せず、擁立は暗礁にのりあげた。義詮が寧子に申し入れた内容は、公賢の記録（『園太暦』）によればつぎのようだ。

新天皇の御位《みくらい》のことは、武家だけで取り定めるのは恐れ多いことでございます。しかしまた放置すべきことでもございません。したがって諸皇子の内から、女院の御《おん》計《はか》らいとして決めていただきたく存じます。

要するに、拉致された光厳上皇にかわり、その母親である寧子に伝国詔宣を発する上皇の代行をしてほしいということである。匡遠のいう「女院御政務」がそれであり、「政務」の語は、当時は執政上皇の地位を指した。

さて寧子はこのとき六十一歳の老齢であるうえ、三年前の財産処分状には「もの書き候事むつかしく候」としたためており（『双柏文庫文書』）、目も多少不自由であったらしい。また閏二月の七条大宮合戦で義詮が逃亡したため、我が子の光厳・光明二上皇と、かわいい孫の崇光上皇まで連れさられるにいたり、彼女は義詮と、三院廃太子拉致の手引きをした洞院公賢をひどく恨んでいた。

そういうわけで、伝奏から政務就任を打診された寧子は、柳眉《りゅうび》を逆立てて怒った。

けんもほろろの寧子の返答を、公賢は、

両院以下皇族方が連れさられたことは、妾《わらわ》には迷惑至極のことです。まして皇位のことなど意見申すことはできません。すべて迷惑のことであります。武家（幕府）の計《はからい》として取り行われることに、何の支障がありましょう。


と記している。「皇位など幕府で勝手にするがよい」という激しい拒絶の言葉である。

六月五日、経顕は幕府で道誉と対面し、女院が政務を拒絶している旨を伝えた。しかし打ちつづく空位に公家、武家の人々は一様に困惑し、寧子の泣きおとしにかかった。北朝再建の成否が、六十歳をこえた老女の一諾《いちだく》（首を縦にふるかどうか）にかかってきたのである。

六月九日、匡遠の記録は、

新帝の皇位のことだが、幕府の執奏《しっそう》（要請）について、女院はまったくお受けにならない旨、人々は噂しているという。

と記し、寧子が依然要請に頑固に応じない旨を報じている。

また、寧子の頑強な拒絶について、約一世紀後の史料だが、弁官局左大史の官にあった壬生《みぶ》晴富《はるとみ》が著した『続神皇正統記』にも、

皇位の決定と広義門院の執政の件について、将軍家の義詮殿が幾度も朝廷に要請されたが、女院は固辞され、頭からハネつけられた。その理由は、光厳・光明の二上皇と天皇、つまり女院の御子息・孫にあたる皇族が吉野の山中に連れさられ、かの皇族方のためには武家は南朝に一族を売り渡した敵《かたき》であると、深く含んでおいでのご様子、またその由を幕府や前関白（二条良基《よしもと》）へも申し伝えられたということである。

と、寧子がやはり義詮を、四皇族を南朝に売り渡した敵として深く恨んでいたことについて、記されている。

平安期以降、貴種の女性でこれほど自分の意志を述懐した人もめずらしいのではあるまいか。その点でも寧子は北条政子と好一対という感じがする。

奇手「天下一同法」

同じ記録に続けて、「武家評議あり。（中略）なを数度女院に申入られたるにぞ」とあるように、幕府は再三の寧子の拒否にもめげず、なだめたりすかしたり、寧子のいる持明院殿に日参《にっさん》をくりかえす。

かつてバサラ大名と呼ばれ、不敬行為など平然とやっていた佐々木道誉が、三拝九拝して女院の出馬を請願する図はお笑いというほかないが、このことは、天皇というものが、いざというとき、武家にとってもいかに重要な存在かを物語っている。

とうとう根負けした寧子が、しぶしぶ幕府の〝矢の催促〟を受け入れたのは、六月十九日のことであった。十六日間かかって、ようやく幕府は口説きおとしたのである。

寧子承諾の状況を記録は、

大略承諾ありと云々（『園太暦』）

再三申入《もうしいら》しむるの間、女院力無《ちからな》く御領納（了承）と云々（『左大史匡遠宿禰記』）

と伝えている（こうして寧子は幕府と妥協したものの、洞院公賢だけは許さず、公賢は仙洞出入り差し止めとなった）。

寧子の政務受諾（事実上の院政復活）により、ようやく朝儀は軌道にのることとなった。さっそく践祚の手続きを進めるため、幕府の申し入れで、寧子の「令旨《りょうじ》」をもって二条良基を〝権《かり》に〟関白に復させることになった。

翌日には空席であった天台座主に、尊円《そんえん》入道親王を充《あ》てることになったが、ここで、関白・座主を「だれが任命するのか」が問題化した。

もとより天皇以外に、この重職を任命できる人などいるはずがないのである。しかし践祚を待って関白宣下、などと悠長なことは言っていられない状況であった。なぜなら、異例の践祚儀をどう進めるかという手続き段階で、すでにして関白がいなければ会議の招集その他、いかなる事務も進められないのである。

この法的難問を突破するため、幕府は〝奥の手〟を使うことにした。六月二十七日、女院寧子の名において「天下一同の法」を公布したのである。

全国民の法的地位である官位以下一切のポストについて、前年十月以前の状況にもどす。

いわゆる正平《しょうへい》一統時の特殊な官位をなかったこととし、年号も観応《かんのう》にもどし、すべてが以前の事態となるという〝超法規的措置〟が、広義門院の宣《せん》（令旨）をもって実施されることになったのである（『左大史匡遠宿禰記』）。

これによって、さきの関白・座主はもとより、尊氏の将軍還任《げんにん》もクリアでき、ここに、公・武・寺社、三権門のトップ人事は、新天皇の即位を待たず一統以前にもどされることになった。

この女院の令旨は〝魔法の杖《つえ》〟であった。これで公武人士の頭を悩ませていた難問が解決されることになったのである。こうなれば、弥仁《みつひと》王の践祚は何も急ぐことではなくなった。諸卿らの先例検討と研究の結果、遠く六世紀の継体《けいたい》天皇の事例にならうこととし、八月半ばにいたって後光厳《ごこうごん》天皇（弥仁）の践祚が実現した（しかし事実上の北朝再建は、六月二十七日の天下一同法により実現していたのである）。

一同法の寧子への奏上は武家（幕府）から行われたと匡遠・公賢らの記録は明記しており、これは幕府の立案であったことは疑われない。しかし、いったいだれがこんな智恵を出したのだろう。私は、醍醐寺の賢俊僧正《けんしゅんそうじょう》（尊氏の政治顧問）あたりではないかと思うが確証はない。

後光厳天皇（弥仁）（『天皇摂関御影』宮内庁三の丸尚蔵館蔵）

ともかく、寧子のかつぎだしと天下一同法の公布は、さきの三院廃太子身柄確保失敗という幕府の大失態をつぐなってあまりある妙案であった。三院太子の拉致によって、いかな幕府もこれで手も足も出まいとほくそ笑んだ南朝の謀臣、北畠親房を、まんまとだしぬく〝奇手〟となったのである。

天皇親政原理にこだわるあまり硬直化していた南朝の戦略にくらべ、「女性であっても上皇の代理は可能」とした幕府側のそれははるかに柔軟であった。

広義門院は、再建された北朝のまさに中心的存在であった。以後寧子は、弥仁の践祚儀の先例採用以下、伝奏の人選、長講堂領《ちょうこうどうりょう》（天皇家領）の処分、同年末の国母陽禄門院《ようろくもんいん》崩去にともなう諒闇《りょうあん》の可否など、あらゆる政務の決定に関与し、観応三年（九月改元され文和《ぶんな》元年）末まで、賀名生《あのう》に幽閉された息子にかわって、政治をとりおこなった（以上、くわしくは拙稿「女院の政務」〈『創造の世界』109号所収〉を参照）。

幕府は当初、弥仁の践祚という一事のために寧子の出馬を企てたのだが、院政原理を奉ずる北朝・幕府にとって、王朝の再建とは一天皇の即位だけですむ問題ではないことが明らかとなり、彼女の政務承諾後わずか数日にして、天下一同法の公布というウルトラCを彼女の名によって国中に敷くにいたったのである。

文和《ぶんな》二年（一三五三）に入って、寧子は政務を新天皇に譲ったが、そのあとも長講堂領・法金剛院《ほうこんごういん》領・今出川院領という天皇家領荘園のすべてを領有しつづけ、延文《えんぶん》二年（一三五七）六十六歳で崩ずるまで、北朝皇統の家督者として政界に重きをなした。

女人政治の中世

私は数年前まで、寧子かつぎだしのアイディアは公家側から出たとばかり考えていた。しかし鎌倉中期の後家家督権の追加法の明文化以来、女性や妻の座を重視する考え方はすべて武家から出ているのである。両統迭立の発端に関してさきに触れた件で、後嵯峨上皇が亡くなったあと、大宮院が後継を裁定したのは、幕府の要請によるものである。元来わが国には、古代、大王死去後の古墳の祭祀《さいし》を大王の正妻が握るという、殯宮《ひんきゅう》奉斎《ほうさい》女王の伝統があった。推古や持統などの女帝嗣立《しりつ》は、この慣習によるものである。

しかし、称徳女帝を最後にして、公家界は男系重視の家父長制社会となり、王朝時代に入ると政治の世界は家父長原理が濃厚となっていく。摂関政治とは天皇の母方の家父長が、院政とは天皇の父方の家父長が、それぞれ権勢をふるう政体であり、家父長が権力を握ることに変わりはない。

したがって、尼御台《あまみだい》政子以来、大宮院裁定→広義門院政務とくる流れは、武家社会のなかに後家家督（後室の政治）という根強い慣習が続いていたことをうかがわせる。

いまそれを南北朝期の例にあたってみると、貞和五年（一三四九）吉川経茂《きつかわつねもち》後室尼良海《りょうかい》は、嫡子孫太郎を廃し次男二郎三郎を嫡子として所帯譲与の処分を行い（『吉川家什書《じゅうしょ》』）、康永《こうえい》三年（一三四四）色部長倫《いろべながみち》は所領越後小泉庄《こいずみのしょう》を妻阿妙《あみょう》に譲与している（『色部文書』）。

その他武将の寡婦に所領の領有を承認する綸旨が頻発され、寡婦が亡夫の所領を処分し、母や祖母が家領を「一期《いちご》領主」として支配する事例はめずらしくない。南北朝前半期にかぎると、土地家屋の売買事例のうち、売主または買主が女性というケースは全体の半数近くを占め、女性の地主、家主が普通の存在であったことが知られる。

康永元年（一三四二）志賀《しが》忠能《ただよし》が豊後《ぶんご》志賀村を妻某に譲った譲状《ゆずりじょう》に「少分たりと雖《いえど》も、女房数子の母儀たるにより、譲与する所なり」（『志賀文書』）といい、先述の色部長倫が妻阿妙に与えた譲状に「男子三人ありと雖《いえど》も、彼等の器量知り難きの間、後家尼阿妙に譲与する所なり」と記しており、いわゆる〝妻の座〟はきわめて強固に守られる慣習であったことを示している。

私は、後家家督の慣行は京都の公家社会とは無関係で、平安後期以降、関東の草深い農山村の武士団からはじまったのではないかと考える者である。ではなぜ武士団（在地領主）の社会で妻の座が重視されるのか。

それは戦場に出征する武士にかわって所帯（一所懸命の地）を管理することが武士の家にとって何より重要なことであり、その管理者として最適なのは妻・後家をおいてない、という考え方からではあるまいか。鎌倉幕府はいち早くこのことを認識し、『御成敗式目』に明文化し、さらに追加法で確認するにいたったのである。

以上が広義門院「政務」の背景であるが、最後に、従来の歴史叙述ではなぜに寧子の存在が看過、無視されてきたのかを考えたい。

まず第一に、男性歴史家、男性作家による偏見である。これはもちろん私自身を含めての反省的総括と受け取っていただきたい。吉川英治の『私本太平記』が以後の作家におよぼした影響は大きいが、広義門院軽視の端緒はすでにこの本に表れている。つぎに、南北朝動乱が、神器をめぐる宮方と武家方の争いであるとする、牢固《ろうこ》としてぬきがたい謬見《びゅうけん》がある。

しかし、これまで述べてきたことからもわかるとおり、南北の戦争は決して公家と武家の反目による争いなどではない。両朝の争いは院政か親政かという、王権のありかたをめぐる争いであって、神器はすでに寿永《じゅえい》二年（一一八三）の後鳥羽天皇践祚以来、皇位継承の絶対要件とはなっていないのである。

北朝と幕府に対抗するため、神器の争いにもっていこうとしたのは後醍醐天皇の策略であったが、院政原理を奉ずる幕府は、神器はおろか、伝国詔宣さえ欠如しても天皇の擁立は可能、という事実を天下に示してみせた。それは京都を軍事的に押さえた既成事実さえあれば、レガリア（伝国宝）などは必要ないという、天皇世俗主義の宣言である。天皇の性格はここで大きく変貌したのであって、それに気づかないのは、陰に陽に水戸学的名分論にとらわれた歴史家の錯覚であり怠慢にすぎない。

室町のマザー＝テレサ

願阿弥

（生年不詳—一四八六年）

施餓鬼の図〈粥の施しをする僧侶と飢えた人々〉
（『一遍上人絵伝』東京都国立博物館蔵）

将軍義政の夢枕

寛正《かんしょう》二年（一四六一）二月七日のこと、奈良の興福寺の別当《べっとう》（寺務＝管長）である大乗院経覚大僧正《だいじょういんきょうかくだいそうじょう》のもとに、京都通いの商人、楠葉元次《くずはもとつぐ》という者が機嫌伺いにやってきて、つぎのように経覚に語った（『経覚私要鈔』）。

先月十八日の夜のこと、将軍義政《よしまさ》殿が不思議な夢を御覧になった。二十年前非業の死をとげられた義教《よしのり》殿が束帯姿《そくたい》にて将軍の枕元に立たれ、つぎのように仰せられたそうな。「余は生前、多くの罪を犯したので地獄で責め苦を受けることも一二に留まらぬ。しかし善政を行ったことも少なくないので、その果報によってふたたび将軍に生まれ変わりたいと存じておる。ついては現在、飢饉《ききん》のため人民多く苦しみ、乞食《こつじき》となって餓死する者も少なくない。そこでお前に頼みたいのは、余の苦を減《げん》じてほしいということじゃ。あの乞食どもに施行《せぎょう》をして助けてくれれば、余の苦もまぬがれることになる」と、こうはっきり仰せられたのを聞いたところで、将軍の夢は覚めたということだ。そこで将軍は、願阿弥《がんなみ》という者に命じて、六角堂の付近に長さ一町におよぶ仮屋《かりや》を建て、乞食どもをみな収容された。仮屋のなかに大釜をたくさんこしらえ、雪解け水を引いて粥《かゆ》を煮、乞食に施行された。毎日の入用は銭十五貫文、この施行を夏まで続けるということだ。誠《まこと》に有難い御夢想《ごむそう》である。故義教様のためにも広大な御利益《ごりやく》となることだろう。尊敬すべきことである。

要するに、将軍足利義政の夢枕に、その父義教が現れて、我が子に飢民を救済するようさとし、その結果、願阿弥の救済事業がスタートしたというのである。たんなる世上の噂話か、真実のことかが問題であるが、もし噂にすぎなかったにしろ、なぜ義教が夢枕に立ったという話が出てきたのかは言及に値することである。

足利義教は、正長《しょうちょう》元年（一四二八）、兄義持《よしもち》の急死により、くじ引きによって将軍になったという変わった王者である。将軍となる以前は青蓮院門跡《しょうれんいんもんぜき》、天台座主《ざす》という高僧であったから、だれもが慈悲の政治が行われることを期待した。

ところが義教は、還俗《げんぞく》して室町殿《むろまちどの》（足利氏の家督）となり将軍に任官するや、くじ、すなわち神慮によって国王に選ばれたという強烈な〝王権神授〟意識にとりつかれ、「万人恐怖」（『看聞日記《かんもんにっき》』）と呼ばれた恐怖政治を敷くにいたった。

彼によって上《かみ》は天皇生母光範門院《こうはんもんいん》から、下《しも》は名もなき下級武士、町の商人にいたるまで何百人という人々が処罰され、処刑に追いやられたのである（くわしくは斎木一馬氏「恐怖の世」高柳光寿博士頌寿記念会編『戦乱と人物』参照）。

そんな義教が、臣下の守護大名、赤松満祐《あかまつみつすけ》の座敷で暗殺された（いわゆる嘉吉《かきつ》の変）ときは、快哉を心に叫んだ人も多かったにちがいないが、義教はすぐに後室《こうしつ》（未亡人）三条尹子《ただこ》の夢枕に現れ、無間《むげん》地獄に堕ちて苦しんでいるから、念仏によって助けてほしいと頼んでいるのである。

この尹子の夢見のことは、義教に近い位置にあった伝奏《てんそう》の万里小路《までのこうじ》時房《ときふさ》の日記『建《けん》内記《だいき》』にみえており、事実と思われる。したがって義政は、父の堕地獄のことは周囲の人々に聞かされて育ったにちがいない。

つぎに、義政の側近である蔭涼軒主《いんりょうけんしゅ》（相国寺鹿苑院《しょうこくじろくおんいん》内の一部屋の主にすぎないが、五山禅院の僧録《そうろく》事務をつかさどり、権勢があった）の季《き》瓊真蘂《けいしんずい》の五月二十二日の日記に、願阿弥の救済事業の発端がつぎのように報じられている（『蔭涼軒日録《いんりょうけんにちろく》』）。

> 今年は大凶作にあたり、世上に乞食となって流亡する者が多い。そこで願阿弥に命じ、勧進（募金）を行わせて流民乞食らに施食《せじき》することにしたいと将軍に披露した。将軍は奉行人《ぶぎょうにん》飯尾為数《いいのおためかず》に指示し、願阿弥に勧進するようお命じになった。

この日、義政は相国寺勝定院《しょうじょういん》（義政の叔父、義持の塔所《たっしょ》）に参詣し、その場で右の願阿弥の事業の件が披露され、義政の裁許がおりたというものである。初めの経覚の日記とくらべてみると、十九日の朝、義政は夢想のことを側近に語り、飢民救済事業の運営についてしかるべき人物の推挙を命じ、その結果、願阿弥が最適任ということで白羽の矢が立てられ、願阿弥の内諾も得て、この日義政へ状況が説明されたのであろう。

ともかくこの日（二十二日）、義政は幕府の（正確には公武統一政権の）首長すなわち室町殿が施主《せしゅ》となる事業として、願阿弥にこれをゆだねることになったのである。政所執事代《しつじだい》（大蔵事務次官に相当）を歴任した吏僚《りりょう》の飯尾為数を通じて指示が出されることも、この事業の性格を物語るものである。

以上のように推測をまじえながらこの二種の日記を検討した結果は、矛盾、齟齬《そご》する点はなく、楠葉元次が経覚に語っていたという義政の夢見のことは、おそらく真実であろう。

さて飢民救済にあたることになった願阿弥とは、どのような人物だったのであろうか。室町時代史の概説書にはかならず出てくるような重要人物でありながら、歴史事典、人名辞典の類には、一九九一年刊の『新潮日本人名辞典』をのぞいて、まったく出てこない。

かく言う私もその編纂《へんさん》に関係した朝日新聞社刊の『朝日日本歴史人物事典』（一九九四年刊）にももれているから、筆者も大きな口ははたたけない。いまから考えると、どうして願阿弥を採りもらしたか、私自身、願阿のことは、朝日人物事典の前に上梓した『日本国王と土民』（集英社刊『日本の歴史』）に何頁にもわたって記述していたのだから、うっかりというほかないが、やはり旧来の事典類に頼りすぎたのだろう。慚愧《ざんき》のいたりである。

さて願阿の事蹟は、追って詳述していくが、さきに引いた真蘂の日記に「願阿弥に命じ、勧進を行わせて」とあるように、彼の本領は勧進聖《ひじり》であった。

経覚のあと興福寺の別当となった尋尊《じんそん》大僧正の日記、長禄《ちょうろく》三年（一四五九）八月十六日（つまり大飢饉の一年半前）条につぎのような記録がある（『大乗院寺社雑事記《ぞうじき》』）。

長谷寺《はせでら》の秘仏（観音）を開帳する件について、勅許の綸旨《りんじ》がもたらされた。願阿弥が代官として綸旨を持参した。

興福寺を通じてかねて朝廷に願い出ていた長谷寺の本尊の開帳が認められたというものであるが、願阿弥が天皇の「代官として」綸旨を興福寺に携行したのである。天皇の発給文書を願阿のような民間の一僧侶が持参するというのは奇妙なことにみえるが、室町時代は連歌師が綸旨を遠方の大名に届けるなど、しばしばこういったことが行われた。

おそらく願阿は、長谷寺開帳のための洛中における寄付に関与していたのであろう。この綸旨に添えられていた奉伽帳（寄付名簿）には、「室町殿幷《なら》びに諸大名同じく加判し了《おわ》んぬ」とあって、義政以下有力守護の署名と花押《かおう》がすえられているが、この奉伽帳を持ちまわって加判を仰いだのは、願阿弥であったにちがいない。

願阿弥は京都では有名人であった。奈良にいてあまりよく知らない経覚だけが「願阿弥という者」と他人行儀に記しているが、真蘂、尋尊らは、周知の人物として彼のことを記録している。それもそのはずで、彼の事業の一端を、禅僧の雲泉大極《うんせんだいきょく》はつぎのように回想している（『碧山日録《へきざんにちろく》』）。

五条大橋が流失して永年になる。往来の人は難儀している。願阿弥は信士《しんし》（信仰深い人）の喜捨《きしゃ》を募り、大規模な築造を施した。夏の洪水の頃になっても、流されず頑丈にできていた。都の人々はほめたたえた。

このように願阿は、永らく流失したまま放置されていた五条大橋を「信士の喜捨」、つまり富豪の資金を募って架けかえていたのである。また相国寺鹿苑院主で、僧録司《そうろくし》の地位にあった禅僧、瑞渓周鳳《ずいけいしゅうほう》の日記『臥雲日件録《がうんにっけんろく》』には、

これ（飢饉）よりさき、願阿は五条大橋を架けた。去年また勧進して百貫文を集め、南禅寺仏殿築造のため寄付したという。

と、願阿弥が、飢饉の前年に、南禅寺仏殿の再興にあたって、独力で百貫文の募金を集め、寄進したことが記されている。勧進聖として、相当の有力者であったことがうかがわれる。

おそらく社会事業家としても、奈良期の行基《ぎょうき》、鎌倉初期に東大寺再建をになった重源《ちょうげん》らと匹敵する人物であろう。彼の名が埋もれていることに、ますます不思議を感じざるを得ない。

寛正の大飢饉

ここで、願阿弥の名を一躍有名にした大飢饉の経過を概観しておきたい。ふたたび雲泉大極に登場してもらおう。

大極は応永《おうえい》二十八年（一四二一）に、近江源氏の京極氏の一族として生まれた。大飢饉のはじまる寛正《かんしょう》元年（一四六〇）には彼は三十八歳の壮年であった。東福寺の塔《たっ》頭《ちゅう》、霊隠軒《りょういんけん》に住んだが、そこの部屋の一隅を碧山住処《へきざんじゅうしょ》と名づけたのにちなみ、彼の日記を『碧山日録』と称している。

大極は、日記が完成するにあたって序文を一条兼良《かねら》に頼んでいる旨明記しているから、公家の有力者とも交際のあった、相当の知識人であったと思われる。

大極が親しく往来していた禅僧に、春公《しゅんこう》と呼ぶ人がいたが、寛正元年三月十六日の夕暮れ、春公の宅からの帰途、つぎのようなことがあった。

夕暮れになっての帰り途《みち》、六条通を歩いていると、一人の老婦人がいた。子を抱きかかえ、名を呼んでいるのだが、子は答えない。ついに婦人は声を放って泣きだした。私が近寄ってのぞくと、子はすでに死んでいた。母は慟哭《どうこく》して道路につっぷした。通りかかった人が婦人に「どこの国から来られたか」と問うた。婦人が答えて、「河内《かわち》から参りました。流民でございます。かの地は昨年夏からひでり続きで、穀物が稔《みの》りませず、加えて守護代や郡代などお役人の誅求《ちゆうきゆう》も酷《ひど》く、課役をもとめるばかりで猶予してくれぬのでございます。貢《みつ》ぎを出さないと、刑罰にかけられます。いたしかたなく、この都にやって参り、乞食いたしておりますが、それでもこの子に満足に食わせてやれないのでございます。食をもとめて奔走いたしましたが、とうとうこんなことになってしまいました」。こう婦人は語り終えて、またしゃくりあげた。私は即座に懐中からあり金《がね》をはたき、婦人に与えて、「些少《さしよう》だが、この金で御子息のとむらいをなさい。私は寺へ帰って三帰五戒を授け、御子息の菩提《ぼだい》をとむらい、冥福を祈りましょう」と告げたところ、母は非常に喜んだ。

少し長い引用になったが、河内から来た流民の母子の悲惨な状況が示されている。子に先立たれた母の慟哭が哀れをさそうが、飢饉はすでにはじまっていて、河内から難民が洛中に流入していたことを物語っている。河内における厳しい取り立てを表す描写から、この飢饉がたんなる天災でなく、半ばは人災であったことがわかる。なぜ河内でこのような状況が発生したのであろうか。

大乗院尋尊《じんそん》は翌寛正二年（一四六二）の五月、この飢饉をふりかえって、去年は諸国で旱魃《かんばつ》がひどかった。また河内・紀伊・越中・越前などの地方は戦乱のため、難民が京都に集中した。流民たちは京都に来ても食にありつけず、すべて餓死してしまった。戦乱に関しては、お上《かみ》の御成敗（政治）が不十分であったためである。歎《なげ》かわしいことだ。


と、河内以下の国が兵乱に見舞われたが、それは政治の貧困であると喝破《かっぱ》している。尋尊は一条兼良の息子だが、大和一国の守護を兼ねる地位にあり、さすがに公家にはない幅広い視野をもっていた。右の四カ国のうち、河内・紀伊・越中は畠山義就《はたけやまよしなり》の領国で、義就は一族の政長《まさなが》と内紛を起こし、激しく争い、とくに守護所（本城）若江《わかえ》城のある河内では戦乱が絶えなかった。

ことにこの六条街で流民の子が餓死して半年経った九月、義就は管領《かんれい》細川勝元の策略で守護を罷免《ひめん》され、同十月岳山《だけやま》城（大阪府富田林《とんだばやし》市の南方）に籠城し、その討伐のため細川・山名・北畠・仁木・六角・京極・土岐ら諸大名の軍勢が投入され、岳山城を包囲した。河内は一層悲惨な状況となり、そのうえこれら大軍を養うため、穀物が底を払った。

尋尊の鋭い指摘にもかかわらず、研究者はこの飢饉を冷夏による天災として怪しまないのだが、両畠山の戦争と、幕府軍の大規模な河内進駐が被害を大きく拡大したことは否定できない。大極は寛正二年正月十二日の記録に、

> 去年、風水害・蝗害《こうがい》・旱魃が重なり大被害をもたらした。国家は損耗し疲弊している。この正月は、上層社会でも儀礼を省き食を削減せざるを得なくなっている。飢餓に苦しむ者が多く、満足に食べている者はきわめて少ない。寺院でも必要不可欠の他は会食を廃止した。

と、飢饉激化の様相を伝えている。この頃、大極は宇治で穏やかに暮らしていたが、二月十九日、宇治の北の木幡《こわた》から客が来たので、飢饉の状況を聞いた。

私は客に尋ねた。「木幡の近在では飢饉の状況はどうですか」と。客が申すに「すでに死者は百人を超えました。他郷に流亡した者はその倍になります」。

この頃は、河内だけでなく諸国から難民飢民が京都に流入し、餓死者は万を超えた。二月晦日（三十日）、大極は所用で京都へ出て驚いた。この日の大極の日記は、大飢饉の惨状を如実に伝えるものとして、古来有名な個所である。

所用があって入洛した。四条大橋から鴨川の上流を眺めると、数えきれぬ死体で埋まり、大石がごろごろひしめいているようだ。死体が流れをふさいでしまっている。その腐臭はとても鼻をあけてはいられない。橋上を往来する人々も、これを見ては悲嘆し落涙するほかない。ある人が言うのに、正月と二月の二カ月間の死者だけで八万二千人に上ったという。私が「どうしてそれが判るのですか」と尋ねたところ、その人は「洛北に住む奇特な一人の僧が、木片で卒塔婆《そとば》をつくり、死骸の上に一本ずつおいていったところ、八万四千本用意した木が、二千本だけ余ったというのです」と申した。

また、南都の僧恵林房《えりんぼう》が経覚に報じた京都の惨状はつぎのようである。

「京都の乞食流民が町々で野垂《のた》れ死《じに》することは無数で、朝から晩まで間断なく死人が出るので、埋葬しようにも手がまわらないということです。だから北は一条から南は九条まで、西は朱雀より東は京極まで、東西南北の京中に死人がみちあふれております」という。ああ何という年であろうか。長禄四年冬から寛正二年春までの半歳のあいだに、京中で餓死した者は幾千万人であろうか。あちこちで粥の施行が行われていても、これでは充足するどころではない。施行を受くる者たちも、いったんは食にありつくも、ほどなく死んでいく者がほとんどで、生を全うする者は少ない。飢民たちは、前世の劫《ごう》（業、カルマ）によってこんな時節に生まれ、このような諸国炎旱《えんかん》の災《わざわい》に逢《あ》うのであろうか。業《ごう》がつきるによってこのような憂き目となり、やむをえぬしだいとはいえ、どうして哀《あわれ》を催さぬことがあろうか。まことに悲しむべきだ。

三月に入って、飢饉はようやく峠を越えたが、続いて疫病が流行した。大極の日記二十四日の条には、次のように書かれている。

ここ数日降雨がない。農民は種まきができない。将軍は諸寺社に雨ごいの祈禱《きとう》を命じた。これによって麦はようやく熟し、飢饉もやや収束したが、疫病が流行しだした。人民の死者は無数である。

また同じ頃、奈良でも疫病の流行が伝えられる。経覚の日記（『経覚私要鈔』）に、こう記される。

寺僧の融実《ゆうじつ》は、例の疫病で一、二日前に逝去《せいきょ》したという。春日若宮社《かすがわかみやしゃ》の神主中臣祐《なかとみすけ》村《むら》も、昨日死去した。これも疫病か。ことに下層の庶民がこれにやられる者が多い。町も田舎も諸国もこの状況だという。なかでも諸国の流民が乞食となって京都に集中し、去年十月頃より洛中は彼らで充満している。幾千万人か数えきれない。

その月末には「死屍《しし》爛壊《らんえ》の臭触《ふ》るべからず」という状況を呈してきた。このような惨害が都で起こっているというのに、河内岳山ではなお両畠山の軍の戦争が続いていた。

募金、収容所建設

正月二十二日、室町殿のお墨付きがおりたことにより、願阿弥の八面六臂《はちめんろっぴ》の大活躍がはじまる。

彼はただちに弟子や勧進仲間の僧俗を諸方に派して、募金にとりかかった。手始めは将軍義政が百貫文の援助をした。妻の日野富子も無論出資したであろう。奉伽帳を作成して公武の要人にまわしただけでなく、有名な願阿弥の勧進と知って、一般の庶民も喜んで一紙半銭《いっしはんせん》を喜捨するのだった。金がなくても、有りあう帯や鏡、櫛《くし》のような物でも勧進の対象となるのである。

たとえ〝貧者の一灯〟であろうとも、勧進に参加すれば神仏の加護が得られるとあって、募金は順調に進んだ。ある程度のめどが立ったところで、願阿弥は難民収容所の建設に着手した。その日は二月初め頃であったらしい。

二月二日の大極の日記は、

願阿弥は、六角堂（頂法寺）の南側の街路に、難民のための草ぶきの収容所十数間

『三十二番職人歌合』に描かれた勧進聖（サントリー美術館蔵）

を造った。東西の長さは、東洞院《ひがしのとういん》から烏丸《からすま》に及ぶという。

と記している。

もとより簡易な藁《わら》ぶきの小屋であったとみえ、工期はわずか四日ほどであった。同じ日記の二月六日には、

収容所ができあがった。願阿弥は教団の僧侶に命じ、歩行もできない人は竹輿《ちくよ》（担架）に乗せて小屋に収容した。収容人員は多くて数えきれない。まず粟粥《あわがゆ》を煮てこれをすすらせることから始める。飢えている者にいきなり飯《めし》を与えれば、死んでしまうであろう。だから粥を食べさせるようにしている。この賑《しん》救《きゆう》（施行）は、二月末で終わりにするという

ことだ。

と記されている。

このように、願阿と仲間の勧進集団は、挙げてかいがいしく飢民を収容、施食にあたったが、冒頭に紹介した『経覚私要鈔』によると、一日の出費が十五貫、十日で百五十貫、一カ月では四百五十貫の巨額になり、食費が続かなくなったものか、あるいは穀物が払底《ふってい》したのか、収容所での施食はこの月限りとされた。

二月に入って、大極も疫病に伝染したのか、病臥《びょうが》の身となったが、二月九日見舞いに訪れた高弘《こうこう》から、六角舎の噂を聞いた。

高弘が来訪して私の病気を見舞った。四方山話《よもやまばなし》で、話題が六角収容所のことになった。高弘がいうのに、毎日の死者は五、六十人になるという。

また十三日は、

六角坊の茇舎《ばっしゃ》、是日《この》、流民死九十七人なり。

と伝えられた。この間にも、願阿の献身的な行動に感化され、自主的に施食する人が公武貴顕のあいだにも現れた。十日の大極の日記に、

噂によると、三条大納言殿は、夕食を節約してこれを飢人に施しているという。卿の仁心に感じてここにあえて記録する。

とあり、十四日の条にも、大極の友人春公《しゅんこう》の慈善を記している。

春公は銅銭数百枚を、路傍の餓民らに分け与えた。春公は平生《へいぜい》から仁慈の心がある。また流民や乞食を見ると、草舎に収容して養っているという。生きて助かる者が多い。

さて、願阿の勧進集団は、予告の通り二月末で六角舎を撤収したが、その事情について奈良の経覚はうがった見方を伝えている。

正月元日から、将軍義政公の粥施行が行われたが、飢民の数あまりに多く、五、六日でやめられた。その後願阿弥という聖《ひじり》が勧進（募金）を行い、六角堂の南に一町余の仮屋《かりや》を建て、乞食を収容した。毎日朝夕二度、粥と味噌汁を施したが、これを食べて死ぬ者が毎日三百人から五百人も出ているということだ。この状況で、願阿はともかく二十日余の間施食を続けたが、とうとう気力を失ってやめてしまった。この期間に、願阿の弟子二人が病死し、願阿自身も死にかけるほどの病気となったので、いよいよこの事業から撤退することになった。

このように経覚は、六角芝舎撤収の理由を、死者が多く出たことと、願阿の助手二名の死去、願阿自身の病悩であるとしている。

たしかに餓民が多すぎて、願阿教団の手にある大事業であったことはいなめないであろう。私は願阿に〝室町のマザー＝テレサ〟の号をたてまつりたい誘惑にかられるのだが、願阿の献身的・感動的な行動が、いったい何に起因するかについて、大極の二月十七日の日記はつぎのように伝える。

来客がいうには「願阿弥は教団の人々を使って、毎日飢民の死体を鴨川岸と油小路の空地に搬出し、塚をこしらえて葬っています。墓には木も植えて、死者の霊を慰めているといいます」とのことである。私は、「願阿弥どのはどこの生まれの人ですか。またなぜ、あのような大慈心を起こして施行を続けられるのでしょうか」と問うた。客は「あの人は越中の生まれだそうです。生家が世々《よよ》漁撈《ぎょろう》を業とし、殺生の報《むくい》があることを覚《さと》って出家して仏道に修行したといいます。時宗の結社（浄社《じょうしゃ》）に入って以来、聖《ひじり》の行《ぎょう》に余念がありません。仏寺や僧房の荒廃を見ると、かならずその修築に挺身されるそうです」と答えた。

願阿は漁師の家に生まれたが、仏家でいう「殺生の報」を悟って出家し、時宗の結社（七条道場金光寺を指すという）に身を投じ、行基以来の捨聖《すてひじり》の伝統にのっとり、社会事業に挺身したというのである（横井清氏「門次郎と願阿弥」『中世を生きた人々』）。仏教の浸透や肉食の禁忌によって、漁猟師など当時のいわゆる〝屠家〟の人を差別する考え方はしだいに大きくなっていったといわれる。願阿も青年時にはこうした中世の卑賤観や仏教の視線に苦しんだのかもしれない。しかし多人数の教団を率いて事業に没頭する願阿の行動をみると、すでに大飢饉当時は、もっと高い段階の境地に達していたと思われる。

大極はさきの客との問答に続けてつぎのように記す。

今年また資財を投じ、民に賑救《しんきゅう》し、その死をあつく弔《とむら》う。それは単なる慈意ではない。人の性情を感奮《かんぷん》させるのに、これ以上の業《わざ》があろうか。私は客に言った。「これみな観音菩薩の慈悲の力でしょう。一人の力でできることではありません。それにしてもあの事業は願上人《がんしょうにん》の名にふさわしいことですね」と。

大極は宗派をこえて願阿の行動に感動し、讃嘆を惜しまない。しかし経覚は「施行は第一の慈悲なり」と願阿の事業を慈悲心の表れとしながらも、施食の効果がなく、死者が続出した現状について、

ところが、せっかくの施食もこのような結果である。飢民らは前世の因縁により、業力《ごうりき》（カルマ）によって死んでいくにすぎないのに、あえて彼らに慈悲を施し、施行をおこなうことは、かえって仏意・神意に背くことになるのではないか、と世人は噂していることだ。

という皮肉な世人の見方を紹介している（『経覚私要鈔』）。

願阿の活躍はこれで終わったわけではない。数年後に起こった応仁の大乱により焦土と化した京都の町と諸伽藍《がらん》の復興に、社会はなお願阿の力を必要としていた。

諸寺社炎上

古記録類によると、願阿の名は寛正大飢饉のあとぷっつりととだえ、彼の名が記録に再登場するのは、なんと応仁の乱（一四六七―七七）が終わって二年後の文明《ぶんめい》十一年（一四七九）十二月のことである。応仁の乱をはさむ、じつに十八年のあいだ、願阿の動静は伝わっていない。彼はいったい、どこで何をしていたのであろうか（それについては後述する）。

願阿の動静はしばらくさておき、大乱による洛中洛外における諸寺社の荒廃と、復興について概観しておこう。

『応仁記』に「計《はから》ざりき万歳期《ばんざいご》せし花の都、今何ぞ狐狼《ころう》の臥土《ふせど》とならんとは」と嘆き、「汝《なれ》や知る都は野辺《のべ》の夕ひばり揚るを見ても落つる涙は」の歌を載せているのはよく知られているが、この戦乱でほとんどの大寺院はその伽藍を焼失した。当時の〝洛中〟

に相当する範囲に、現在応仁以前の古建築は一つとして残っていないが、洛外を含めて眺めわたしても、奇蹟的に残った千本《せんぼん》釈迦堂（鎌倉前期、国宝＝大報恩寺《だいほうおんじ》本堂）と三十三間堂（同、国宝＝蓮華王院《れんげおういん》本堂）があるばかりである。

寺社の中でも、乱以前に幕府の庇護で、比較的隆盛をきわめた臨済宗叢林《そうりん》の五山禅院は最も悲惨であった。相国寺《しょうこくじ》は乱勃発後、ほどなく応仁元年（一四六七）十月に大内政弘、畠山義就《よしなり》ら西軍の武将らによって焼かれた。義満の建立で名高い七重大塔のみは焼け残ったが、それも文明二年（一四七〇）、落雷によって炎上した。

幕府お膝元《ひざもと》のこの寺でさえ復興は容易に進まず、「相国寺の事は、兵火以来、一《いっ》柱《ちゅう》・片瓦《へんが》またこれ無し」と寺僧たちが幕府へ愁訴《しゅうそ》した結果、ようやく文明十六年（一四八四）になって小方丈《ほうじょう》の造営にこぎつけたにすぎなかった。

その塔頭子院《たっちゅうしいん》の状況はこれに輪をかけたもので、たとえば崇寿院《すうじゅいん》は、乱の前は富裕な貿易都市である堺南庄を領し、相国寺のなかでも身入りのよさを誇ったが、乱後、堺からの収入（屋地子《やじし》＝家屋税）は畠山義就ら守護が押さえて寺家に入らなくなり、延徳三年（一四九一）の頃には、院主以下出奔し、空屋同然の、盗賊の通路となっていた。堂内の建具《たてぐ》ははずされ、周囲の竹木も大半は盗みとられ、形をとどめていたのは一部屋だけというありさまだった（『蔭涼軒日録』、村山修一氏著『日本都市生活の源流』）。

五山《ござん》の第一位に数えられる南禅寺は、乱の前に願阿弥の努力で仏殿が竣工したのもつかのま、大乱によって焦土となり、寺僧や大衆は四散して、寺院の体をなさない状況となった。それでも、東班衆《とうばんしゅう》（経理担当の禅僧）の永都聞《えいつうぶん》が一人踏みとどまって復興に努力し、文明十一年（一四七九）八月にいたって法堂《はっとう》が完成したものの、またも兵火に遭《あ》い、焼失した。

天竜寺と臨川寺《りんせんじ》（山城の十刹《じっさつ》）は、すぐそばにある渡月橋が乱の初めに戦場となったため、ひとたまりもなく兵火に焼かれ、臨川寺のみ仏殿が一宇残ったが、境内は田畠となり、牛馬が放し飼いにされる状況であった。

寺家では、この窮状をしのぐために座公文《いなりのくもん》（実際には赴任せず、住持《じゅうじ》の称号だけもらって数十貫の官銭を納める買官）の任命を濫発《らんぱつ》、このため、嵯峨《さが》辺の僧中、十人に九人は臨川寺の公帖《こうじょう》（住持の辞令）を持っているといわれるようになった。

現在、苔寺《こけでら》として知られている西芳寺《さいほうじ》は、乱前すでに七百余貫の借財があったうえ、文明元年の兵火で仏殿以下が焼け落ちた。泣き面に蜂である。さらに、瑠璃殿《るりでん》に収められていた周文《しゅうぶん》の画四幅、塔頭《たっちゅう》の格外軒に所蔵されていた光厳《こうごん》天皇宸影《しんえい》、義満画像、十六羅漢像などが盗みさられ、開山である夢窓疎石《むそうそせき》の墨蹟《ぼくせき》四幅は軍兵に掠奪される始末であった。

しかし、右の盗難にあった書画軸のうち、周文の鯉《こい》の絵二幅は、乱後出羽国で発見されて取りもどし、羅漢像も買いうけて寺にもどり、疎石の墨蹟四幅は、周防で市場に出ているのをある禅僧が買いもどして、折りから上洛する巡礼に託し、ぶじ寺にもどったという。

結局、周文の二幅と、光厳・義満像がもどらなかったことになる。庭園の池には、乱前いた二十七匹の鯉魚《りぎょ》が失われたが、周文の鯉の絵がもどると、不思議や、十一匹の鯉が出現して泳ぎ出したという。ともあれこの寺の建物の復興は、文明十七年（一四八五）以降のことになる。

義満の北山第の跡地に建つ鹿苑寺《ろくおんじ》は、さいわい金閣が焼け残ったものの、第二層潮音洞《ちょうおんどう》の観音像、法水院の阿弥陀《あみだ》三尊、釈迦来迎図などが失われた。文明十七年には東大門が再建されたが、延徳二年（一四九〇）将軍足利義稙《よしたね》が当寺に参詣しようとしたところ、寺側は、「堂舎大破に及び修理大儀である。第一、御召の御椀、御折敷《おんおしき》さえ俄《にわか》に調達できない」と返答して、拝辞する始末であった（村山氏前掲書）。当時の諸五山が、いかに窮乏していたかが推察され得るであろう。

旧仏教系寺院の状況は、五山ほどは悲惨ではなかった。東寺は西軍きっての勇将、畠山義就の軍に占領されたが、さいわい諸伽藍は、荒廃はしたが炎上はまぬがれた。

皮肉にもこの寺が焼亡したのは、文明十八年（一四八六）の土一揆《つちいっき》によってであった。それ以降の同寺の苦難は、本稿のテーマとはずれるので割愛する。

天台密教の牙城、比叡山延暦寺は、山上に主要伽藍があったため、東西両軍の争いをまぬがれ、直接の被害は蒙らずにすんだ。

しかし文明十四年（一四八二）東塔・西塔・横川《よかわ》の比叡山三塔のうちの横川大衆の嗷訴《ごうそ》・蜂起によって横川中堂が炎上し、また一揆の騒乱によって明応《めいおう》二年（一四九三）には根本中堂が焼失した。こうして延暦寺の復興は、戦国時代に入って以降のことになる。

この他、仁和寺《にんなじ》御室《おむろ》も伽藍の焼失はまぬがれたが、寺領荘園が地方の大名・国人《こくじん》らによって押さえられて荒廃に対応し得なくなり、寺院としては〝安楽死〟の道をたどることになる。

結局、五山と幕府庇護下にあった旧仏教系寺院は、大乱による荒廃と荘園押領で衰退していくこととなった。このような状況下に、戦国時代に向かって生きのびた寺社は、乱前から幕府の保護を受けていなかった大徳寺・妙心寺以下の禅院と、乱前に顕密（顕教・密教）旧仏教に抑圧されていた一向・日蓮両宗の新仏教、および庶民信仰に支えられて荘園退転の影響をまぬがれた諸寺社であった。願阿弥がその晩年、復興に命を捧げた清水寺《きよみずでら》も、そうした庶民信仰に活路を見出した寺院であった。

清水坂に住む者たち

応仁の乱の始まる直前、文正《ぶんしょう》元年（一四六六）八月に清水寺は「灯明料人別三文」の勧進を募ったが、担当の勧進聖は「十穀坊主《じゅっこくぼうず》」（修行として穀物を断った聖《ひじり》の称）と記録されている（『蔭涼軒日録』）。

これは禅僧季瓊真蘂《きけいしんずい》の日記だが、この「十穀坊主」は願阿を指すのではないかと村山修一氏は推定されている。真蘂は願阿をよく知っており、寛正飢饉のさいには、その日記に「勧進願阿」と明記しているのだが、その同じ筆者が四年後の日記に「十穀坊主」と称している点は、やや疑問にも感ぜられるのであるが、この「十穀」を称号と解すれば、願阿を指すこともあながち奇異ではあるまい。つまり、寛正飢饉の後、願阿は「十穀断ち」のような断食修行をつとめ、「十穀聖」の名を得たのではないかというのである。

もう一つの根拠は、これより十余年後の文明十一年（一四七九）末の幕府の文書（『黒岡帯刀氏所蔵文書』）に、「勧進願阿 十斛」と記されていることである（「十斛《こく》」は「十穀」

と同じ意味）。この文書は清水寺の勧進に関するものであるだけに、さきの文正元年の「十穀坊主」を願阿のことと解する村山氏の説は魅力的である。

さてそうなると、願阿は、寛正二年の大飢饉が収まったあと、本拠の七条道場から離れ、早ければ文正《ぶんしょう》元年（一四六六）に、遅くとも文明十一年には清水寺の勧進活動の中心となって活躍していたことになる。願阿が拠点としたその清水寺は、応仁の乱中乱後、どのような状況であったのだろうか。

清水寺は、西軍の畠山義就、大内政弘ら大名が東山一帯を荒しまわった応仁元年、二年の戦乱もなんとか無事に切り抜けていた。しかし皮肉にも、大乱三年目に入った文明元年（一四六九）七月十日、幕府方である東軍の手にかかって炎上した。その状況を大乗院尋尊《じんそん》は、

一昨日十日清水本尊、大塔以下幷《ならび》に六道（珍皇寺）、建仁寺各《おのおの》悉《ことごと》く以て焼亡すと云々。東御陣の手放火と云々。珍事、時刻到来

と記し（『大乗院寺社雑事記』）、経覚《きょうかく》は、

尋尊僧正の噂話によると、清水寺が去る十一日に炎上したということだ。（中略）寺院が多く焼亡するのは、仏教滅亡の兆《きざ》しというべきか。悲しむべきだ。東軍の仕《し》業《わざ》だという。

と日記に書いている（『経覚私要鈔』）。

このように興福寺の高僧が清水の炎上を悲しみ、特記しているのは、清水寺がいまも北法相《きたほっそう》宗に属するように、当時は南都の末寺であって、いわば興福寺の京都における出先にあたる重要な位置にあったからであった。

したがって清水寺の別当任円《じんえん》は、興福寺の子院東北院の僧侶であってこの三月に任命されたばかりであったが、伽藍炎上の責任を取って辞職している。

東軍が清水寺一帯を焼きはらった理由は、御厨子《みずし》某など西軍の足軽大将がこの辺一帯を根城《ねじろ》とし、ゲリラ的戦術で東軍を悩ましていたので、その勢力を一掃するため東軍総帥の細川勝元が放火におよんだものと推測される。

このように、清水寺は兵火によって焦土と化したわけであるが、伽藍が焼けた社寺は清水にかぎったことではなかったにもかかわらず、願阿弥が数ある衰退社寺のうち、清水を勧進活動の本拠に選んだのはなぜであろうか。

以下は私の推測をまじえた話になるが、この問題は清水の信仰の性格と門前の特異な地域〝清水坂〟の沿革にさかのぼって考えなければならない。

清水は平安初、坂上田村麻呂が僧延鎮《えんちん》を開山として創立したが、十一面観音を本尊とする真言宗の寺院であったといわれる。白河院政期の嘉保《かほう》元年（一〇九四）の本堂落成にあたって、南都の僧隆禅《りゆうぜん》が供養の導師となったことから興福寺と密接な関係が生じたらしい。

平安中期から観音信仰の隆盛にともなって貴族・庶民のあいだに「観音霊場」としてうたわれるようになる。観音の慈悲は広大無辺で、あらゆる人間の苦悩を救うと信じられたため、底辺や吹きだまりの人々がやがて門前の「坂」周辺にたむろするようになった。

清水坂は東南に行けば渋谷越《しぶたにごえ》を経て山科《やましな》から近江へ、南すれば伏見から奈良へ通じ、五条橋を渡れば洛中へ、産寧坂《さんねいざか》から北へ行けば東海道へ通ずる交通の要地にあり、平安中期にはすでに運輸業者である車借《しやしやく》が集住し、乞食、非人なども居住するようになり、いわゆる坂の〝宿《しゆく》〟が形成された。中世における非人の概念は諸説あって一致しないが、おおむね「刑余の者」「卑賤視された者」を指し、乞食やハンセン氏病（癩者）を含むこともあったとみられる。

鎌倉期には、叡尊らの南都仏教による救済事業も展開されるとともに、階層化も進んだことが史料によってうかがわれる。『宇治拾遺物語《うじしゅうい》』には、癩を患って清水坂に住した者の説話が収められるが、彼は天台の学僧法印智海《ちかい》を感嘆させるほどの学問があったという。

坂の者らは、これらハンセン氏病患者を費用を徴収して預かり、重病の非人は「上下京中」において乞食することを許されていた。

坂の乞食非人といっても、かならずしも病弱者一色であったというイメージはあたらない。鎌倉時代には彼らは自分らの権益を維持するため、よその非人集団と戦争することもあった。

元仁《げんにん》元年（一二二四）三月には、北山十八間戸《きたやまじゅうはつけんこ》で有名な大和奈良坂の非人と清水坂非人が合戦におよび（『皇帝紀抄』）、寛元《かんげん》二年（一二四四）には、やはり非人宿の権益と配下の宿《しゅく》をめぐって争い、奈良坂から押しかけて、清水坂一帯は焼き打ちにあっている（『春日神社文書』）。

いずれにせよ、乞食非人癩者を含む坂の者たちは、一般人の葬送に仕えたり、堂塔・追善供養があればその施物のおこぼれを頂戴したりして生業を営んでいた。

しかし彼らの生計の大半は、何といっても参詣人からの施物に頼って〝乞食〟することでなりたっており、伽藍炎上で参詣人がとだえた清水坂の人々が大きな打撃を受けたであろうことは、容易に推察されるのである。

願阿弥は、おそらく寛正の大飢饉のあと、清水坂に居住する底辺の人々の救済事業を志して本拠を清水寺に移したにちがいない。そして、伽藍が炎上し、参詣人が消えたあとの坂の乞食非人たちの惨状を目にしてからは、願阿弥は、「伽藍を復興して清水の信仰を回復することが先決」と考えるようになったと思われる。こうして彼は、その晩年、清水寺の復興をめざして力を尽くすことになったのである。

老骨に鞭打って

さて清水寺は、別当任円の辞職のあと、大乱を通じて復興の動きは記録に残っていない。西軍の大名らがことごとく洛中をひきはらった文明九年（一四七七）十一月が、一般に乱の終幕とされているが、その翌月の大乗院尋尊の日記は、

清水寺が、去る四日に五条東洞院《ひがしのとういん》の仮堂《かりどう》から東山の元の場所にもどることになった。仏堂など元のように建てるため、とりあえず勧進（募金）を募って資金を集めると

いう。

と伝えている。文明元年の炎上後、清水寺は旧地をひきはらって洛中五条東洞院に移転していたのである。おそらく本尊を安置しただけの、小庵によるわび住まいであったにちがいない。

西軍の巨魁、大内政弘はさすがに見兼ねたのか、清水の復興を志して文明三年（一四七一）、朝鮮に使僧周徳《しゅうとく》を派遣して、清水復興の資として絹四万緡《さし》と大蔵経をもとめたけれど、目的は達せられなかったという（村山氏前掲書）。

右の尋尊の日記によれば、こうして仮殿が旧地に築かれたのは、乱が終わってからのことであった。

復興の第一歩は、梵鐘《ぼんしょう》の鋳造から始められた。

太政官弁官局の官務（事務次官）であった壬生晴富《みぶはるとみ》（「広義門院」の章で引用した『続神皇正統記』の筆者）の日記（『晴富宿禰記《すくねき》』）によると、文明十年四月十六日の条に、

今日清水寺の鐘鋳《しょうちゅう》なり。内裏の西辺に当り、仮屋《かりや》を構へこれを鋳《い》る。十穀坊主（願阿）本願なり。

とあって、土御門《つちみかど》室町の内裏の西側の空地に工房をこしらえ、ここで願阿弥の指導下に鋳造したことが知られる。

この鐘を清水寺へ移すにあたって大騒ぎしたことが、やはり晴富の日記四月二十日条につぎのようにみえる。

四月十六日に、鋳造したつり鐘が、今日清水寺へ移送された。鐘の運搬には、洛中の人々が協力し、台車にのせて引いた。鐘の重さで車輪が幾度も割れたという。台車上の鐘の廻りには出し物をこしらえ、猿が桙《ほこ》をふりまわして賑《にぎ》わいに花を添えた。見物の衆は黒山の人だかりであった。妻や子息弥一丸も見物した。

このように、車輪が破損しても取りかえ、鐘の上には猿や桙などの出し物（猿は猿曳きから借りた生きた猿であろう）を飾り立て、おそらく鳴り物入りで、町衆らが協力して引いたという。

晴富の妻子が沿道で見物し、その模様を晴富に伝えたのである。これほどのにぎにぎしさは、洛中人士の、この寺の復興に賭ける期待と熱気を語るものであろう。この鐘が現存の梵鐘で、銘文について村山氏は、「銘は可成り磨滅し、よみづらいが、池の間始め、中帯に永泉・西母・宗詠・宗仲・宗順・惟信・長承・則慶・妙春・道祐・保光・西道・明正・文遠・妙観・妙音等多数の庶民信仰者と覚しきものの結縁交名《けちえんきょうみょう》が刻され、女人らしき法名もうかがわれる」と述べられている。

このようにして鐘はできたが、問題は大建築の本堂であった。人々の期待は、勧進聖として伝説的に盛名のある願阿の手腕に集まった。翌文明十一年三月、「特に十方《じっぽう》の檀那の御助成を蒙《こうむ》り」で始まる勧進帳が作成され、老骨に鞭《むち》打って願阿弥は勧進の遊歴に旅立つことになった。

現在同寺本坊の成就院《じょうじゅいん》に残る奉伽帳（『成就院文書』）から推測すると、願阿の旅程は、近江から北国の越前、加賀へ向かい、ここで大名朝倉氏から多大の資金を受けたあと尾張、伊勢へ向かい、転じて丹波から播磨を経て山陰の出雲富田《とだ》城下にいたり、ここで守護代《しゅごだい》の尼子経久《あまこつねひさ》一族から巨額の出資を受け、ついで周防から海を渡って九州に入ったらしい。

時期は同年末にいたっていたが、大御所（前将軍）足利義政は、とくに願阿弥のために、南九州の大大名、島津武久《たけひさ》に宛ててつぎのような幕府奉書を発した（『黒岡帯刀氏所蔵文書』）。

清水寺の本堂再建のため、勧進聖の願阿弥 十斛 が九州に下向することになった。そこで募金の協力方を、大隅・薩摩・日向の三カ国に命ずるようにと、将軍が仰せになった。以上の旨を示達《じたつ》する。

文明十一年十二月二十七日

（布施英基）下野守（花押）

（飯尾元連）大和前司（花押）

島津陸奥守（武久）殿

（注・英基・元連の両人は幕府の右筆《ゆうひつ》（法曹官僚）、宛先の島津武久は、大隅・薩摩・日向三カ国の守護大名）

九州から帰ると、席を温める間もなく、興福寺の依頼で元興寺《がんごうじ》極楽坊の勧進を請けおっている（『大乗院寺社雑事記』）。文字通り東奔西走の日々であったといえよう。

こうして集まった募金は材木三百二十六本と銭六千五百三十五貫文（うち朝倉氏の負担分は過半に達する三千八百貫）にのぼり、文明十四年（一四八二）八月には本堂の建築に着工し、同月二十二日には立柱上棟《りっちゅうじょうとう》にこぎつけた（『長興宿禰記《ながおきすくねき》』）。

ここで注目されるのは、伝奏で後土御門天皇の側近であった甘露寺《かんろじ》親長《ちかなが》の日記（『親長卿記』）に翌月十三日の記事として、

願阿弥が尽力した清水寺造営はまことに神妙であると、勅旨をたまわりたい旨奏聞したところ、勅許があった。

とあり、翌々日には、

今日願阿上人来る。

とあるように、天皇がとくに願阿弥の功績を勅旨をもって讃え、徳深い高僧を示す上人号を与えていることである。

親長は寛正飢饉の活躍の頃から願阿を知っており、願阿に格別の好意をもっていたようで、文明十六年六月の清水寺本堂落成、観音遷座《せんざ》の供養に勅使を参向させる件も、朝廷内で反対があったにもかかわらず、強引に文安《ぶんあん》六年（一四四九）の六角堂遷座の先例を申し立てて勅許にこぎつけている。結局、親長の子の蔵人頭元長が勅使となり

参列した。

親長が日記に、

そもそもこの寺の再建のことは、寺側は一切関与していない。もっぱら願阿上人が、勧進となって募金を集め完成したものである。要するにかの上人がすべて取り行ったのである。


と記すように、今回の本堂再建は寺僧らはまったく関与しておらず、七条道場時衆願阿の単独の請負事業として遂行され、それゆえに供養（竣工式）ももっぱら願阿一人の責任で行われたことが知られる。

朝廷側では親長が全体の指揮にあたり、事前に願阿と種々打ち合わせたうえ、当日も勅使元長の介添え役として親長自身も参列した。厨子《ずし》に入った観音像が搬入されたときは、「寺家僧西方正面に着座、願阿上人西方に着す」と記録されており、寺僧一同とともに願阿もとくに座を与えられた。けだし願阿一代の晴れ舞台であったといえよう。

願阿は、寺家再興の功労者として、清水寺本坊成就院に一室を与えられ、以後「成就院願阿」と呼ばれた。彼の弟子たちは坂の人々の面倒をみる事業を続けていたと推測される。本堂落成の二年後の文明十八年（一四八六）四月末に彼は発病し、五月二日には天皇側近の親長が見舞いに訪れた。十三日に病勢が進行し、死去した。

『大乗院寺社雑事記』は、

清水寺勧進聖の願阿弥が去る十三日に死去した。（中略）不便《ふびん》なことである。弟子に伊勢出身の僧がおり、彼が教団の事業を継承することになるという。しかし伊勢の僧は、とても大事業の跡継ぎはできぬと辞退しているという。

と、願阿の事業の後継者に「伊勢の者」が指定されたと伝えている。このような点にも、マザー＝テレサ（死後、やはりインド人女性が後継者に指定されて教団が継続した）を彷彿とさせるものがある。

流れ公方

足利義稙

（一四六六年—一五二三年）

足利義稙像（等持院蔵）

応仁の乱の大波

足利義材《よしき》（義尹《よしただ》・義稙《よしたね》）は第十代の室町将軍であるが、廃立後再任した。天皇には古来重祚《ちょうそ》（同人物の再即位）の例があるが、武家で再任したのは彼だけである。父は義政の弟、足利義視《よしみ》である。また、彼は二度改名しているが、本稿では最後の実名である義稙で統一する。

義稙は文正《ぶんしょう》元年（一四六六）七月、父義視の近習《きんじゅ》である種村九郎の邸で出生した。当時の武家の貴種は、有力な近習の屋敷を「御産所《ごさんじょ》」として借りきって、そこで母子ともに過ごすのが常例であった。

室町時代には夫方の邸宅に妻を迎える、いわゆる「嫁取婚《よめとりこん》」が始まったのだが、将軍家の産所が近習邸に用意されるという習俗は、おそらく前代の経営所婚《けいえいしょこん》（第三者の邸を借りきって婚儀を行う風俗）の名残《なごり》であろうかと思われる。

ともかく義稙の出生地については、摂家の近衛《このえ》政家《まさいえ》の日記（『後法興院政家記』、以下『政家記』と略す）や、歴代将軍の産事を記録した『御産所日記』（典医安芸《あき》氏の家に伝来したもの）などが残っていて、明らかになっている。同日記によれば、祝儀の品は「公方様之半分ヅツニ御沙汰アリ」と記されているように、義稙は将軍の跡継ぎに準ずる待遇を受けていたらしい。

彼が出生した時期は、幕閣や義政の近習のあいだで種々の陰謀がめぐらされており、義稙はいわば誕生直後から大争乱の巷《ちまた》に投げ出されたのである。彼の誕生から四十日にもならぬ九月六日夜、父の義視は歯の根も合わぬほど震えながら、前管領《かんれい》細川勝元の屋敷に逃げこんできた。

『政家記』によると、
その理由は、政所《まんどころ》執事伊勢貞親《さだちか》の提案により、室町殿（義政）が弟の今出川殿（義視）を殺害される予定であると、今出川殿に密告した人があって、驚いた殿は取るものも取りあえず、前管領の屋敷に逃げ込んで来られたのである。殿は前管領に、自らの無実を切々と訴え申されたということだ。

とある。季瓊真蘂《きけいしんずい》と政所執事伊勢貞親は足利義政の二大側近であるが、専横のあまり、義視の暗殺計画を企て、義政に義視が謀叛を企んでいると偽りを言ったのである。義政に実子義尚《よしひさ》が生まれ、将来の家督を約束されていた義視の地位が微妙となったことにつけこんだものであった。

さすがの勝元ら宿老も驚き、義政に貞親らの排除を奏した。翌日、貞親、真蘂らは近江へ逐電した（文正の政変）。これにより義政の権力は形骸化し、幕閣は細川・山名（宗全《そうぜん》）の二大派閥の対決となり、四カ月後、応仁の大乱が勃発する。

義稙は、乱の起こった頃は母、日野氏（義政夫人富子《とみこ》の妹、日野重政の娘）のもとにひきとられていたとみられる。

この頃になると、義政と義視の兄弟仲は元にもどっていたが、応仁元年（一四六七）五月、義政が義視の仇である伊勢貞親を呼び寄せたため、義視は怒って伊勢多気《たき》（三重県一志《いちし》郡）に下向した。守護の北畠教具《のりとも》を頼ったのである。子の義稙は満一歳にもならぬ嬰児であり、おそらく同行せず京に留まっていたのではないだろうか。

義政は弟義視が下向したことが乱の長期化に結びつくのを恐れ、翌年九月、聖護院《しょうごいん》道興《どうこう》（近衛政家の兄）を派して義視を京都に呼びもどしたが、伊勢貞親が依然幕府で政務を執っているのを怒った義視は、十一月には山門に奔《はし》り、ついで西軍の山名宗全の陣に投じた。

ここにおいて義視は西軍の将軍格となり、朝廷は同十二月、彼の官爵《かんしゃく》を剝奪して謀叛人とした。義視が山門に出奔したとき、東軍の武田信賢《のぶかた》は三歳の義稙を護り、やがて宗全の陣へ送り届けたという（『京都将軍家譜』）。

しかし義視を擁した西軍も、東軍を圧倒するという訳にはいかず、文明《ぶんめい》五年（一四七三）義尚が将軍となり、山名宗全、細川勝元が相次いで病死すると、合戦の名分も曖昧となった。義視の仇敵であった伊勢貞親もとうに死んでいる。何のために西軍にまつりあげられているのかわからなくなった義視は、摂家の長老、一条兼良《かねら》に進退を相談したりしたが、畠山義就《よしなり》ら西軍の強硬派に引きずられて退きぎわを見失い、文明九年（一四七七）十一月の乱の終結まできてしまった。

すでに前年、大御所義政は義視を疎んじる意向はないと誓っていたが、義視は節操なく京都に残留することをいさぎよしとせず、西軍の軍師、斎藤妙椿《みようちん》（美濃守護代）を頼って、義稙を連れ美濃革手《かわて》に下向した。義視の尾羽打ち枯らした姿について公卿たちは、

土岐以下西軍大名はみな没落した。今出川殿も同じく没落されたという。

とか（『実隆公記《さねたかこうき》』）、

今夜敵陣（西軍）の軍勢はすべて没落した。（中略）今出川殿室町殿の御弟も美濃国さして落ちのびて行かれた。土岐美濃守（成頼《しげより》）が同道申しあげたということだ。

など（『長興宿禰記《ながおきすくねき》』）と報じている。

革手は岐阜の南方（岐阜市下川手《しもかわて》正法寺《しょうぼうじ》町）で、土岐氏の守護所《しゅごしょ》（政庁）のあった町である。斎藤妙椿や守護の土岐成頼らは、この一角に御所を造営して義視父子を住まわせた。尋尊《じんそん》の日記には「若君両所、姫君両所御座と云々」（『大乗院寺社雑事記《ぞうじき》』、以下『雑事記』と略す）と書かれているから、子女は義稙のほかになお三人いたようだが、美濃は妙椿の才略下に安定を誇っており、詩僧万里集九《ばんりしゅうきゅう》や連歌師宗祇《そうぎ》など文化人も革手に集まってきて、乱後は〝小京都〟の観を呈していた。ともあれ義視父子は、以後十一年間、木曾川に近い革手のわび住まいに居続けることになる。

「棚からぼた餅」の将軍就任

大乱が終わったので、幕府は西軍の大名と次々に和睦した。文明十年（一四七八）七月には義政・義視の兄弟の和議が正式に整った。

しかし義視は美濃から動かず、上洛しようともしなかった。義視にしてみれば大乱の以前、いったんは兄から家督を約束されながら、義尚が生まれるや掌を返すようにすげなくあしらわれたことは忘れられず、あまつさえ「君側《くんそく》の奸《かん》」にあって暗殺されかけさえしたのだから、素直に兄にしたがえないのも当然である。

まして義尚が将軍となったいまでは、在京することはいたたまれないものであったにちがいない。ともかく、義視一家は美濃に骨を埋める覚悟であったとみられる。

守護所革手のある一帯は、茜部庄《あかなべのしょう》といって東大寺寺務《じむ》領の荘園で、守護代斎藤妙椿の請負であった。京都ほどのにぎやかさはないものの、妙椿の手厚い庇護によって義稙は成人し、文明十九年（一四八七）二十二歳の新年、元服をとげた。尋尊の記録（『雑事記』）によると、

今出川殿の若君が、室町殿（義尚）の御養子として御元服なされたという。

とあって、義尚の猶子《ゆうし》としての元服であることが知られる。つまり義稙は義尚と仮の親子関係になっていたわけである。義尚は妻妾が多くいながら、深酒と荒淫が祟《たた》って実子が生まれず、万一のときは義稙を跡目にと考えられていたことが推測される。

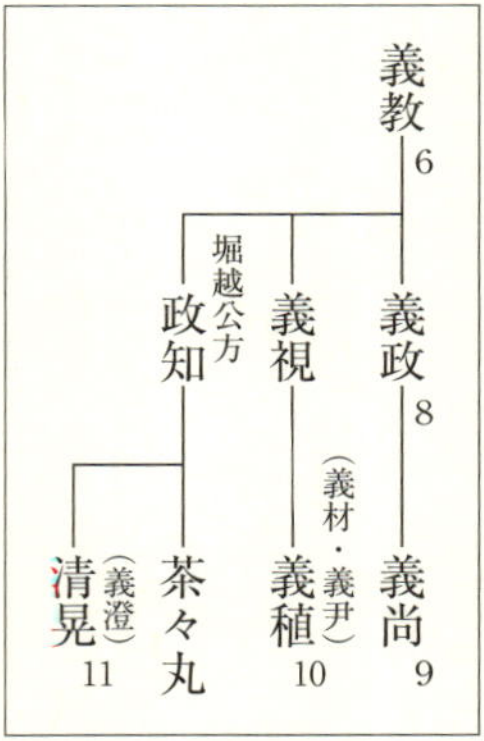

足利氏略系図
（数字は将軍代数）

彼の元服年齢が、通常の十四、五歳をはるかに超える二十二歳であったことも、この推測を裏付けるものであろう。同年四月の尋尊の日記には「御上洛あるべし」と書かれており、同年八月には、日野富子らの推挙によって、義稙は美濃在国のまま従五位下、左馬頭《さまのかみ》に叙位されている。この官位は将軍家若君の待遇であり、将来の可能性を物語るといえよう。

義稙が叙爵した直後、将軍義尚は、乱後も幕府になびかない近江の大名、六角高頼《たかより》を討つために近江鈎《まがり》（滋賀県栗太《くりた》郡栗東《りっとう》町）に親征した。

これがいわゆる六角征伐《せいばつ》で、高頼の軍を甲賀谷の奥に追いはらったが、延徳《えんとく》元年（一四八九）三月、義尚自身が鈎の陣中で病死した。義尚は義稙より一歳上だから、まだ、二十歳代の前半という若さであった。こうして義稙の運命は、棚からぼた餅が落ちてくるように、急転したのである。

じつは義尚が病臥したこの一月には、富子の意向で美濃の義稙が、義尚の代理として鈎に進駐する手筈となっていた。義稙出陣の日も四月三日と定められていたが、その矢先に義尚の喪《も》となったため、義稙の近江居陣は沙汰やみとなった。

その代わり、義視は義尚の喪に服すべく出家と称し、義稙は焼香のためと称して、四月十三日、父子ともに入京した。十一年ぶりの京都である。義視らは義尚の葬儀に参列しようと四月八日に美濃を出立したが、細川勝元の遺子、細川政元が義視父子の参葬を喜ばず、やむなく父子は大津に逗留して、葬儀が終わってから上洛したという（『宣胤卿記《のぶたねきようき》』）。

政元が義視父子の幕政関与を不快視していたことは明らかであった。政元は、堀越《ほりごえ》公方《くぼう》政知《まさとも》（足利義政の弟）の次男で天竜寺の小僧であった、香厳院清晃《きようげんいんせいこう》（のちの足利義澄）の擁立を策していたのである。

しかし、当時幕府で実権をふるっていたのは日野富子であった。尋尊の記録（『雑事記』）に、
御台御方《みだいのおんかた》（日野富子）は、左馬頭殿（義稙）がふさわしいと仰せになった。したがって東山殿（義政）も同意見であろうか。

とあるように、大御所義政は政務に関心がなく、妻富子の意向にまかせていた。

こうして、大御所義政の亡きあとは、義稙が幕府の将軍としてあとを継ぐことがほぼ決定した。四月十九日、義稙は富子に謁見し、日野家累代《るいだい》の小河御所（北小路殿）に住むことを許された（『政家記』）。

延徳二年（一四九〇）正月、義尚死後の幕政を聴いていた義政が死去し、同月十三日に義稙が家督を継いだ。

宮中女官の日記（『御《お》湯殿上日記《ゆどののうえのにっき》』）は、

> 左馬頭殿（義稙）が次期将軍に定まって、御台様（富子）よりめでたく思しめす旨の申し出があった。

と報じている。

後土御門《ごつちみかど》天皇より伝奏《てんそう》が勅使として義稙に白太刀《しろたち》を与え、政所執事伊勢貞宗《さだむね》からは足利家重代の鎧《よろい》、太刀が届けられた。

このように義稙は富子の推挙と庇護によって将軍として迎えられたのであるが、ほかならぬその富子と自らの父である義視のあいだが、それから三カ月も経たぬうちに険悪化した。

日野富子（宝鏡寺蔵）

条）。

『政家記』はつぎのように記す（五月十八日

小河第の建物が、御台（富子）の計《はから》いとして香厳院清晃に進呈され、来月清晃が移住する予定になっていたところ、今日今出川殿（義視）の命で建物がとり潰《つぶ》されたという。最近、御台様と今出川殿のあいだがことのほか険悪だということだ。御台様の領地なども没収されるという。足利家督につき、義稙様を推挙されたのは他ならぬ御台様だが、心変わりして清晃様を擁立しようと細川政元と密談されたとの噂がある。この件で義視様が御台を恨み、小河第を破却されたのであろうか。

いったんは義稙に与えられていた小河第を、富子が香厳院清晃に与えようとしたことに義視が怒り、打ち壊してしまったというのである。小河第の破却には「河原者数百人」が動員された（『妙音院朝乗五師日並』）。富子の屈辱はどれほどのことであったろう。政家は、富子が義稙の嗣立《しりつ》を後悔し、清晃に心変わりしたかのように記しているが、その富子変心の理由については諸記録のうち言及しているものはない。

いずれにせよ、富子と義視父子の対立は決定的となった。すでに義稙の嗣立に難色を示していた細川政元に加え、富子が反将軍派にまわったことは、義稙政権の前途に暗雲が漂っていることを示すものであった。尋尊が「今出川殿（義視）御身上、御心元なし」と報じているのは、さすがに状況を看破したものであった。

クーデター

延徳三年（一四九一）正月、義政のあとを一年遅れで追うように義視が死んだ。親政を始めた義稙は、前将軍の弔《とむら》い合戦とばかり、挫折した六角征伐の続行を決意した。細川政元は殿上で義稙に面謁して近江再征はすべきでないと説いたが、義稙はその諫言《かんげん》を受け入れず、八月には天皇に追討の綸旨《りんじ》を奏請して決意を固めた。

六角高頼は細川氏や義稙側近の葉室光忠《はむろみつただ》に数千貫の賄賂を贈って親征阻止を運動したが、効果がないとわかると、居城観音寺を捨てて甲賀谷に逃亡した。

畿内近国の大名軍を統率した義稙は、九月末に出京し、大津の園城寺《おんじょうじ》（三井寺《みいでら》）光浄院《こうじょういん》に入り、そこを本営とした。十一月には高頼の一族、六角政綱《まさつな》が降伏使と称して光浄院に来て義稙に対面したが、義稙は諸将に命じて大津八丁浜《はっちょうはま》の道場に滞留する政綱主従五十人あまりを闇討ちし、政綱の首を京都にさらした。

ついで翌明応《めいおう》元年（一四九二）三月には湖東簗瀬《やなせ》河原（滋賀県神崎《かんざき》郡五《ご》箇荘《かしょう》町）で激戦のすえ、六角軍に壊滅的打撃を与えた。同十月、義稙自身、湖を渡って金剛寺まで進駐し、高頼は伊勢に出奔した。

しかし征伐の結果、没収地の多くが将軍近習らに与えられ、将軍親裁権が強化されることになったので細川政元は喜ばず、義稙が湖水を渡った頃には、出征軍から細川氏の手兵をすべて引きあげさせ、讃岐《さぬき》にもどしてしまった。

残党の掃討をすませ、義稙は同年十二月に凱旋《がいせん》帰洛の途についたが、お人好しの彼は、憤激した政元が将軍を陥れようと謀っていることに、うかつにも気がつかないのであった。

幕府にもどった義稙は、席を温める暇もなく、河内《かわち》の畠山基家《もといえ》を討つと言いだした。

基家は応仁の乱を起こした畠山義就《よしなり》の息子で、大乱終息後も河内・大和を占拠したまま幕府にもどさず、将軍家にとってガン的存在になっていたのである（義就は延徳二年没）。

こうして明応二年二月十五日を期日として親征が告げられ、いわゆる「河内出陣」が始まった。

二月十日、参内した義稙は、尊氏が献上したという佩刀《はいとう》を天皇から与えられ、石清水八幡を経て二月二十四日には河内橘島《たちばなしま》（大阪府八尾《やお》市）の正覚寺《しょうがくじ》に入った。河内・大和の畠山基家方の諸城は風を望んで潰《つい》え、基家がこもる高屋《たかや》城（大阪府羽《は》曳野《びきの》市、いまの安閑《あんかん》天皇陵）は風前の灯とみえたが、細川政元はひそかに基家・赤松政則らと通じ、四月二十二日にいたってクーデターを敢行したのである（明応の政変）。

政元の陰謀は、かなり早くから準備されていたらしい。

義稙がまだ近江出征中の延徳四年（一四九二）正月、政元は伏見において基家の密使と会見し、基家の赦免を約すると同時に、基家の息子に自らの偏諱《へんき》（政元の幼名聡《そう》明丸《めいまる》の一字）を与え、聡勝丸《そうしょうまる》と名乗らせている（『雑事記』）。

また河内親征の諸軍中、最強部隊は播磨の赤松政則の勢《ぜい》であった。政元は陰謀のカギは政則の抱き込みにかかっていると判断し、自分の姉（勝元の娘）洞松院尼《とうしょういんに》を還俗《げんぞく》させて政則に嫁がせ、この政略婚によって細川＝赤松同盟を結成して、正覚寺の義稙への包囲網をめぐらした。なお、この洞松院尼が、政則没後、播磨・備前・美作《みまさか》三カ国に〝女戦国大名〟として君臨する「めし殿」である。

さて政変は、義稙の将軍の官を剝奪し、天竜寺の小僧であった香厳院清晃を将軍に擁立するというものであった。鎌倉初期、将軍源頼家の廃立以来、武家社会においてしばしば行われてきた〝主君押込《おしこめ》〟の発動である。

二十二日、清晃が足利義尚の旧御所である遊初軒《ゆうしよけん》において擁立され、畠山政長邸、葉室光忠邸、通玄寺（義稙姉の入寺する尼寺）など、義稙に関係する寺社や邸宅が根こそぎ破壊された。通玄寺では義視の後室《こうしつ》、義稙の姉以下、尼僧らもすべて、

尼御所様ら御自身迄《まで》、残らず衣裳を剝ぎ取られた。尼僧らは致し方なく、莚《むしろ》を身にまとい、経典を体に捲《ま》きつけなどして、あちこちに逃げまどい、路頭をさまよわれたという。前代未聞の事件であり、筆にするのもはばかられる。

とあるように、みな、赤裸で京中を彷徨する始末であった（『北野社家日記』）。

このような残忍な仕打ちは、小河第を破却された富子による報復であった。

尋尊が「御台様は細川殿の屋敷におられる。今度の件はすべてあの方の指図である」と記すように（『雑事記』）、富子は政元邸につめきり、義稙系の諸邸宅の破却、放火、掠奪などの指揮をとっていたのである。

細川政元は翌二十三日、天皇に、「将軍が親《みずか》ら御出陣あることは、不可《いけ》ないと申しあげ、いさめ申したが、お聞き容《い》れなく河内出陣となったので、この上は清晃様を室町殿に擁立したてまつる。諸大名も一致して賛成している」と奏聞した（『晴富宿禰記』）。天皇は驚愕と憤激で退位しようと言い出したが、これは側近の甘露寺《かんろじ》親長《ちかなが》らがいさめて止めた。

翌閏《うるう》四月二十五日、政元は正覚寺に孤立した義稙の包囲攻撃を指令した。最後まで義稙に忠誠を誓ったのは、親衛軍である奉公衆の一部と畠山政長・尚順《ひさのぶ》の父子であったが、政長はひそかに尚順を脱出させて逃がし、営に火を放って自刃した。

義稙は伝国宝の鎧刀《レガリア》を携えて政元の家老、上原元秀の陣に投降した。

義稙主従十四、五人は、ただちに護送され、天王寺舎利院《しゃりいん》に押し込められた。昨日まで公方様と呼ばれていた義稙は「今出川殿」と呼び換えられ、罪人の身として五月二日、京都に移された。世間では義稙が切腹するのではないかと噂されたが、それはなく、龍安寺に幽閉され、その後上原元秀邸の座敷牢に軟禁された。

京都奪回戦

富子の義稙にたいする憎悪は妄執じみていた。

細川政元にせまって義稙の殺害を勧めたが、さすがに政元は許さなかったので、ひそかに彼の家老、上原元秀に手をまわして毒殺を謀ったとの噂が流れた。

尋尊の日記（『雑事記』）は、

幽閉された前将軍（義稙）については、御台様の命令で、毒薬を飲ませようとされた。毒が回って危うく御命を落とされようとしたが、上原元秀が色々毒消しの薬をさしあげ、何とか蘇生された。この件で膳部《かしわべ》の役人二、三人が出奔して行方知れずとなった。これも御台様の差し金である。とんでもないことだ。

と伝えている。

いっぽう政元はというと、義稙を分国讃岐の小豆嶋《しょうどしま》に流す予定であったという。

しかし六月二十九日の夕、京都は連日のように雷をともなった大夕立《ゆうだち》が降っていたが、折りから上原元秀邸の座敷牢を訪れていた義稙の妹が帰ったあと、牢番の香阿弥《こうあみ》が部屋を改めたところ、無人であった（『晴富宿禰記』）。義稙は妹の侍女かだれかに変装して上原邸を脱出したのである。

狼狽した幕府は、ただちに捜索令状を諸方に発したが、義稙の行方は杳《よう》として知れなかった。

半月ほど経て、ようやく義稙が越中の神保《じんぼう》氏のもとに逃れているとの噂が京都に伝わってきた（『政家記』）。越中は故畠山政長の分国で、義稙にとっては、さしもの政元の威光も届かない安全圏であった。守護代の神保長誠《ながのぶ》は、義稙を守護所の放生津《ほうじょうづ》城（富山県新湊《しんみなと》市）に迎え入れ、〝越中公方〟と称してたてまつった。

富子による毒殺、政元による小豆嶋流刑と二度の脅威を逃れた義稙は、北陸の富山湾を望む景勝の要害に、悠々と日をすごす閑人《かんじん》の身となった。

しかし前将軍として京都奪回は夢寐《むび》にも忘れた訳ではない。さいわい、政長の遺子尚順が紀伊に健在で、彼と連絡を取りながらおもむろに再起の策をめぐらすのであった。

越中到着の三カ月後に義稙は、大友・相良《さがら》・阿蘇《あそ》大宮司《だいぐうじ》など九州の諸大名に檄《げき》を飛ばし、自らの還京への援助を呼びかけ（『大友文書』『相良文書』『阿蘇文書』）、多くの諸将がこれに呼応し、援軍を出すことを約束した。

明応《めいおう》七年（一四九八）八月、義稙は京都をめざして放生津を出立し、九月二日には越前の一乗谷《いちじょうだに》にいたり、朝倉貞景《さだかげ》に迎えられた。

この頃、味方である紀伊の畠山尚順は和泉《いずみ》を経て河内まで進出していた。畠山軍には紀伊の根来《ねごろ》・粉河《こかわ》両寺の僧兵が有力な援軍として加勢していた。

義稙は越前で年を越したが、明応八年六月には、京都で西坊城顕長《にしぼうじょうあきなが》らの公卿や武士桃井某、山門僧徒らが一味して越前の義稙と呼応する動きが現れ、六月末、叛軍は比叡山の南円院《なんえんいん》を占拠した。

七月には義稙入京近しという噂が京都に聞こえ、朝廷では皇室の所蔵物を丹波山国《やまぐに》（京都府北桑田郡京北《けいほく》町）に疎開させた。

七月二十日、朝倉貞景は義稙を擁して敦賀《つるが》に入った。しかし政元側も防備を怠っていたわけではなく、同じ日、山城守護代赤沢朝経《あかざわともつね》に命じて比叡山を総攻撃し、中堂・大講堂が炎上した。ついに決戦の日がせまり、十一月半ば頃、義稙一行は近江坂本の比叡辻《ひえつじ》に陣し、二十二日、京方と合戦が行われた。近衛政家はその様子を、

今朝早く、坂本で合戦が行われたという。正午頃、坂本方面に火災があった。あと

で聞いた所では、近江守護の六角高頼が、守護所の湖東から渡海して坂本灯炉《とうろ》堂に押し寄せ、放火したという。これによって前将軍の一行は、半ば討死《うちじに》、残りは没落したということだ。義稙様は叡山の山上に逃亡されたので、幕府軍はこれを包囲した。どこへ落ちのびられたか、真相はまだ判らない。

と描いている（『政家記』）。

六角高頼にとって義稙は仇《あだ》であり、神保や朝倉のようには遇せず、かえって牙をむいたのである。

一敗地にまみれた義稙は、叡山に逃走したが、そこも捜索の手が伸び、十二月初めには丹波に逃げたとの噂が奈良に流れた（『雑事記』）。しかし同月十三日になると、近江甲賀谷を経て河内にぶじ落ちのびたとの報が確認された（『政家記』）。

河内は畠山尚順の勢力範囲で、安全圏に逃れたことになる。義稙は軍勢三千と記録されており、また彼は戦《いくさ》に弱く戦えば敗れたが、つねにだれかしらの援助の手がさしのべられ、不思議に逃亡はうまくいっている。

しかしここも赤沢朝経の猛攻を受け安住の地にはならず、義稙は海路瀬戸内海を西へ奔《はし》った。

尚順は紀伊にこもり、義稙は周防《すおう》の大内義興《よしおき》に迎えられた。こうして義稙は流れ流れて、小京都と呼ばれた山口の城下に、またも居候《いそうろう》の身となったのである。

亡命十五年

義稙を最も憎悪し、彼の殺害に執念を燃やしていた伯母の日野富子は、明応五年（一四九六）にあっけなく病死していた。まだ義稙が越中放生津にいる頃である。

文亀《ぶんき》元年（一五〇一）閏六月、細川政元は後柏原《ごかしわばら》天皇に奏して大内義興追討の綸旨《りんじ》を出させている。もちろん義興が、前将軍義稙をかくまっていることの非を鳴らしてのことである。その文面はつぎのようである（『立花文書』）。

大内義興を追討せよという勅命である。この由を将軍義澄殿に伝えられよ。以上を示達《じたつ》する。

右中弁賢房（万里小路）（花押）

文亀元年閏六月九日

謹上　日野（伝奏）侍従殿

この綸旨の正文は、大友氏の家系を継いだ立花氏の家伝文書として伝わっている。幕府は豊後《ぶんご》の大友氏にこの綸旨を送り、大内義興の追討を依頼したのである。というのも、大友氏は伝統的に九州における幕府の出先としての位置を与えられていたということに加え、代々大内氏と北九州の制覇をめぐって争っていたからであった。しかし当時の大友氏に義興を討つ力はなく、綸旨の効果はほとんどなかった。

義興は、義稙が頼ってきたので、祖父教弘《のりひろ》が建てた築山屋形《つきやまやかた》に前将軍を住まわせた。現在の山口市街の北方、国宝の五重塔のある瑠璃光寺《るりこうじ》から天神川の方へ南下してくると、東手に八坂《やさか》神社が位置するが、ここが築山屋形の跡である。その南隣り、竜福寺のある辺りが大内屋形の跡で、歴代当主はここに居住した。築山屋形のほうは、「外客の接待に使用」したという（福尾猛市郎氏著『大内義隆』吉川弘文館）。

築山屋形の面影を偲ぶには、宗祇の『老葉集《わくらばしゅう》』がよい。同書には、

西国に下向したとき、大内教弘の屋敷（築山屋形）にて、連歌が興行された。私も参列したが、主人（大内）からこの屋形の様子を詠《よ》めと強要されたので、

池は海《うみ》　梢《こづえ》は夏の　深山《みやまかな》哉

京都では、細川政元の身の上に異変が起こっていた。

政元は女を嫌って妻帯せず、はじめ摂家《せっけ》九条政基《まさもと》の子澄之《すみゆき》を養子に迎えたが、のち家臣の勧めで同族細川成之《しげゆき》の孫澄元《すみもと》を猶子とした。二人の養子が並び立ったわけで、これが細川氏内紛（二川分流《にせんぶんりゅう》）の始まりとなった。

政元は澄之を丹波の、澄元を摂津のそれぞれ守護に任じ、自らは隠居しようとしたが、永正《えいしょう》四年（一五〇七）六月、澄之は家臣をつかわして養父政元を暗殺した。入浴中に刺客を放って一瞬のうちに倒したという。これで澄之が細川氏の家督となったが、澄之の天下もつかのま、同年八月一日には、いま一人の養子澄元が一族の細川高国《たかくに》らの援を得て、父の仇と称して澄之を討った。

将軍足利義澄は改めて澄元を細川家督に任じた。しかし澄元と高国の反目もすぐに顕在化した。

このような京都の擾乱《じょうらん》の報を周防《すおう》の地で伝え聞いた義稙は、京都奪回の好機と、大内義興に説いて挙兵した。義興は周防・長門《ながと》・安芸《あき》・石見《いわみ》・豊前《ぶぜん》・筑前《ちくぜん》など六カ国の分国を傾けて軍勢を糾合し、同年十二月、大船団を組織して海路東上の途についた。

周防松崎（防府）の湊《みなと》を出帆した一同は、同月半ばには安芸蒲刈《がまがり》島に達した。翌永正五年（一五〇八）三月には大物浦《だいもつのうら》（大阪湾）に入ったとの知らせが京都に届き、将軍義澄はやむなく近江に逃亡した。執政細川澄元はそれより前に高国との対立から京都を出奔していた。

伊賀から四月に上洛した高国は、ひそかに義稙・義興らと通じ、前将軍の入京をうながした。義稙の船団は四月二十七日に和泉堺《いずみさかい》に着いた。周防よりの船数は「一万艘《そう》」(『塔寺八幡宮長帳』)、「数千艘」(『北肥戦誌』)などと報じられているが、上洛時の義興の軍団が「六七千人、走衆《はしりしゅう》千人計《ばかり》」と伝えられている(『後法成寺尚通公記《ごほうじょうじひさみちこうき》』、以下『尚通記』と略す)ので、数百艘といったところが実情であろう。

ところで、京都でこれを迎えるかたちになった後柏原天皇は、先述のとおり八年前に彼らを朝敵として追討せよとの綸旨を発した当事者である。

さぞや心中穏やかでなかったと思われるが、堺に到着した義稙から、天皇にたいして疎意はないということは内々に伝えられており、義稙もまた、例の綸旨は細川政元による強請の結果であるという事情は察していたから、朝廷と大内軍とのあいだに緊張感はなかった。

六月六日、義稙一行は堺を出発してその夜は吹田《すいた》に泊まり、翌夜は山崎に宿し、ついに六月八日、十五年ぶりに入洛した。その様子は儒者東坊城和長《ひがしぼうじょうかずなが》の日記(『和長卿記』)によると、今日昼、前将軍（義稙）が京都に到着された。貴顕も衆庶も万人が行列を見物しようと押しかけ、京都は未明から大騒ぎとなった。私は他の公卿衆と同道し、二条大路で見物した。（中略）前将軍は正午頃に御通りになった。先陣は種村刑部《ぎょうぶ》少輔と畠山与次郎の二人、家来ども併せて三百人ほどであった。（中略）つぎに御本人が通られた。御輿《おこし》に乗っておられた。警固の走衆は数百人、御供《おとも》衆（親衛隊の隊長）は九騎であった。（中略）後陣の騎馬衆は数えきれないくらいであった。

と伝えられ、家臣数人が古輿《ふるこし》の側につきしたがうのみという、十五年前の囚われの入京とは大違いであった。

七月一日、義稙は従三位権大納言に叙任《じょにん》され、同じ日、征夷大将軍に再任された。近江に逃亡中の足利義澄は、武家棟梁《とうりょう》の地位を失ったのである。

将軍と天皇

こうして義稙は、亡命十五年を経て、天下人に返り咲くことができたのである。春秋の世に亡命十九年を経て晋王《しん》に擁立され、覇者となった晋の文公にも比せられよう。ところで義稙の将軍再任は、政元の暗殺から派生した細川氏の内紛に乗じたものであるとはいえ、軍事的には居候先の大内義興に擁立されたもので、義興こそ最大の功労者であった。

再任の義稙をかつぐ京都の権力は、要するに畿内近国を支配する細川高国と、西中国・北九州にまたがる戦国大名大内義興との連合政権であったといえる。したがってこの政府は、当面大内氏の軍事力が不可欠で、義興が帰国すれば瓦解に瀕せざるを得ないものであった。

七月二十三日、義興が帰国すると言い出したので、「天下一変すべし」と驚愕した天皇は、内大臣三条西実隆《さねたか》を義興の宿所に派して帰国を断念させた（『実隆公記』）。大内義興は、従来の六分国に加え「管領代《かんれいだい》」の格で山城守護に任命された。かつての朝敵をこのように天皇が優遇せざるを得ないのは何とも皮肉な状況である。このできごとは、戦国時代に入って、京都の〝主人〟としてはむしろ将軍よりも天皇が権威を発揮しだしたことを象徴してもいる。

江戸初期に成立した説話集に『塵塚物語《ちりづか》』というのがある。かならずしも史実に基づいて書かれたものではないが、同書に「恵林院殿（義稙）御事《おんこと》」と題して義稙の人

となりを叙述した部分がある。まず義稙の性格を、
御心ばえは正直で、生まれつき優しい御性格である。幕府の家臣たちへはいうまでもなく、公家の人々へも気づかいなされ、哀れみをかけられた。
と臣下にたいして思いやりの深い人柄だったことを表している。しかし反面、
なにぶん、乱世の国王であられたから、将軍とは名ばかりで、万事家臣たちが切りまわし、政務を上意と称してほしいままに取り行った。以上の状況から、結果的には、御本人に悪意はなくとも、諸人から悪口を言われ、とかく批判されることも時折あった。
と、ややもすれば臣下の謀略に遭ったり、中傷されたりすることもあったとほのめかしている。言うなれば、やや〝お人好し〟の面があったことを伝えているのである。
つぎに同書は、義稙が某大納言なる公卿に述懐した話として以下のように伝えている。

当時幕府には、多くの人民が毎日、苦しい旨を訴え出てくる。愁訴《しゅうそ》というのは、聴いている分には気の毒とは思うが、苦しみというのは直接経験していないと、身に滲《し》みて哀しくは思わないものである。結局、自分が苦しみに逢わない者は、人の悲哀がわからないのである。私（義稙）は先年、細川政元の策謀にあって苦労したので、下民の苦痛を思い、親身に同情することができる。あのとき（明応の政変）は死を恐れたわけではないが、近くに味方が居ないという状況はとても心細いものだ。独り身の者、孤独の者の平生《へいぜい》の苦心がおしはかられた。およそ慈悲の心のない者は生きている甲斐《かい》はない。まして天下を治める者においてはだ。政治家は第一に慈悲を心がけるべきである。

このように、義稙は自らの流離、とくに細川政元によるクーデター以来の境遇のなかで、臣民の悲哀を推測する心がけを学んだとしている。

述懐の終りに義稙は、大納言某にたいし、「一日も生《いけ》らん内、身に応じて人を扶助し給《たもう》べし」と言いむすんだので、かの公卿も感動して、「狩衣《かりぎぬ》袖を絞られ、兎角《とかく》の返答もなかりしとかや」と記している。

以上をそのまま信じるというわけにはいかないが、義稙が歴代将軍中でも、下情（庶民の実情）に通じた人であったことは察せられる。

さて義稙は上洛の翌月、将軍に任官、同月二十一日には参内《さんだい》してはじめて後柏原天皇に拝謁《はいえつ》して天盃《てんぱい》を賜わった。義稙の人気を反映してか参会する公家衆も多く、「凡《およ》そ今日、都人士女群を成す。誠《まこと》に稲麻《とうま》竹葦《ちくい》の如し。天運自然、時刻到来□、希代の事と謂《い》ふべき者なり」（『実隆公記』）とか、「近年此《かく》の如く歴々《れきれき》の参会《さんえ》これなき歟《か》」（『和長卿記』）と記録されている。

永正六年（一五〇九）六月、義稙は将軍としてはまったく異例の「禁中小番《こばん》」を勤めた。小番というのは、公卿衆が交替で代理の宿直《とのい》を行うことである。武家は鎌倉以来、内裏大番《おおばん》（禁門の警衛）は行うが、小番は公卿と決まっていた。それを義稙は「連々《れんれん》御本意の事なり。一度と雖《いえど》も、御冥加《ごみょうが》のため御参あるべし（させてほしい）」と、かねての念願であるとして三月五日に朝廷に申し入れた。

内大臣実隆はその申し出を「尤《もっと》も神妙、但し当時（現在）皇居の体《てい》、不相応か」と恐縮しながらも困惑したが、結局義稙のたっての望みとあって六月十日に実現した。

当夜、小御所に参入した義稙は衣冠束帯《いかんそくたい》の礼装に着替え、天皇がふだん住む「常御《つねのご》所《しょ》」に宿直した。この小番勤仕を仲介した実隆も天皇の内意でとくに呼び出され、天皇も「出御《しゆつぎよ》」あって義稙に天盃を賜わり、太刀を下賜《かし》された。

こうして和気あいあいのうちに参仕が終わった。「年来御本望」をとげた義稙は「以ての外御快然」と上機嫌で退出した（『実隆公記』）。

この逸事は義稙の尊皇家ぶりを示したものであり「外聞実儀珍重《ちんちよう》、末代の美談たるべく候《そうろう》」と語り草になったが、義稙の善意はそれとしても宮中にはかえって過大な負担となったため、公家層のあいだでは「別段の御忠義」ということですまされ、以後前例とはしないよう申し合わせている。いずれにせよ、この事件も、かつては「日本国王」として天皇をしのぐ権威を誇った武家の首長の威光が衰え、代わって天皇のそれが浮上しつつあることを、はからずも裏付けたものであったともいえよう。

逐電公方

永正八年（一五一一）七月、阿波に亡命していた細川澄元が、やはり近江に潜伏中の前将軍足利義澄を擁して挙兵し、義稙政権に叛旗をひるがえした。

叛乱軍は摂津・和泉で細川高国の軍を撃破すると、たちまち京都にせまった。大内義興はいったん京都を彼らにあけわたすことを提案し、義稙・高国・義興らは八月十六日、万余の軍を温存して長坂口《ながさかぐち》（京都市北区鷹峯《たかがみね》）から丹波へ撤退した。

義澄・澄元の軍は難なく京都を占領したが、それもつかのま、彼らの油断を見すました丹波の義稙軍は、八月二十四日に猛反撃に転じ、船岡山《ふなおかやま》で義澄・澄元軍を殲滅《せんめつ》させた（船岡山の合戦）。義稙方の兵数の過半は防長の大内軍で、畿内近国の弱兵は彼らの敵ではなかった。

船岡山の戦いで、義稙の政権は磐石《ばんじゃく》となったと思われた。しかし今度は、義稙と、大内義興・細川高国両重臣とのあいだがおかしくなってきた。永正十年（一五一三）二月、義稙は義興に帰国を命じた。しかしこの頃は義興に帰国の意志はなかったとみえ、不安を感じた義興は高国にこのことを相談した。結局大内氏の帰国は沙汰やみとなったが、異変が起こったのはその直後のことだった。

三月十七日、義稙が幕府から失踪したのである。東坊城和長の翌日の日記に、

戌刻許《ばかり》大樹御隠遁、御供《おとも》者種村三郎、李阿弥二人なり。御所中以下一向世に（行方）知らずと云々。（原文読み下し）

とあり、翌々日の日記に、

朝早くこの事件を噂に聞いた。京都中が貴族も庶民も大変な騒ぎである。書き遺《のこ》された文もないので、御出奔の理由がわからない。またどこへ行かれたかもわからない。天皇も驚愕され、「大変なことだ。どうしたのか」と、伝奏《てんそう》を通じて幕府の政所《まんどころ》執事に問い合わされた。

とあるのがそれである。勅命で幕府に行方をたずねさせたところ、十九日夜になって、近江甲賀の国人《こくじん》玉木館《たまきやかた》に滞在中であることが判明した。

出奔の理由について、諸記録は「江州大樹（義稙）より御返事の旨七ケ条」（『尚通記』）とか「御野心の子細あり」（『和長卿記』）とか、「細川に対し御述懐の故《ゆえ》御発心」（『厳《ごん》助《じょ》往年記』）などと記すが、要するに両京兆（義興が左京大夫、高国が右京大夫だったので、大内・細川の二重臣をこう呼んだ）への不満であったと推測される。

失踪の翌日である十八日、政所執事伊勢貞陸《さだみち》邸で、高国・義興のほか畠山尚順らが会合《えごう》して対策を協議した（『伊勢貞助記』）。また、義稙からも〝述懐〟の子細が伝わってきたので、四月十二日付で大内・細川・畠山ら重臣の連署による「諸事において義稙様の御判断に背かない」ことを誓った起請文を甲賀の義稙に送ることになり、近習《きんじゅ》の一色尹泰《ただやす》・畠山順光《のぶみつ》の二人が使者として甲賀におもむいた。

結局、義稙は重臣らの恭順を受け入れ、五月一日甲賀を発足して大津の園城寺（三井寺）に入り、五月三日に帰洛した。大内・細川の両京兆は坂本まで出迎え、大津からつきしたがって京都に入った（『尚通記』）。以後、将軍と重臣のあいだは小康を保ったが、「爾来《じらい》、武将（将軍）の威名衰へ、諸侯に阿《おもね》る」（『密宗年表』）など、将軍親裁権の衰微のように受け取った記録が多い。

永正十四年（一五一七）閏十月、義稙は摂津有馬温泉に湯治に行ったが、大内義興はお供をすると称して吹田付近まで警護し、そのあと和泉堺に留まり、義稙帰京後も動かなかった。堺で年を越した義興にたいし、十五年正月には幕府は伊勢貞陸を派して上洛をうながしたが、さえぎって義興は帰国を願い出、ついに義稙は大内の帰国を認めた。つぎのような文書が残っている（『相良家文書』）。

十年前の儂《わし》の上洛について奔走してくれ、神妙の至りである。分国へ帰りたい旨、しばしば願い出ており、今回了承することとした。国でしばらく人馬を休養させ、やがてまた上洛してくれることを期待している。また太刀・刀と馬一疋《いっぴき》を贈るので受け取られたい。

八月二十七日（永正十五年）　御判（義稙花押）
大内左京大夫殿へ

在京九年、畿内にあること十年半であった。山陰の尼子経久《つねひさ》が強大化し、これ以上領国を留守にしておられなかったからであるが、この生き馬の目を抜く戦国時代に、遠国《おんごく》の大名が十年あまりも領国を留守にして在京したのは異例で、守護代などの留守役によほど人を得ていたからでもある。しかも山口の繁栄は義興帰国以降のことなので、『南海治乱記』などの軍記は、義興を父政弘、子義隆以上の良将として称讃するものが多い。

細川高国との確執

大内義興の帰国を聞いて喜んだのは、阿波に潜伏して再起の機をうかがっていた細川澄元ら反高国派の残党であった。

永正十六年（一五一九）十月、澄元は阿波に挙兵し、その先鋒三好之長《ゆきなが》らの軍は十一月には摂津に上陸し、伊丹・尼崎・越水《こしみず》（西宮市）の諸城では、高国方と澄元方のあいだで激戦が行われた。

高国は年末から自ら出陣して池田城で京方軍の総指揮を執っていたが、四国勢の猛攻はやまず、永正十七年に入ると、諸城の危機が京都にも伝えられた。京都の人々はいまさらのように大内氏の在京が畿内の安定に寄与していたことを思い知らされた。

二月六日、義稙は近江の京極高清に京都警固を命ずるとともに、幕府吏僚《りりよう》の飯尾堯連《いいのおたかつら》を池田城に派して高国を激励させている。

二月七日、越水城が落ち、十七日、細川高国は尼崎において澄元軍に大敗、池田・伊丹両城の守りを放棄して京都に逃げ帰ってきた。同じ日、澄元は将軍に宛ててつぎのような書状を呈出した（『尚通記』）。

上様（義稙）に対し兼ねてより恭順を誓いますとの旨を、赤松義村《よしむら》を通じて願い出ておりましたところ、お聞き届けになった由を承りました。このたび摂津に上陸し、某《それがし》どもの軍は有利な形勢となりましたが、公儀《こうぎ》（幕府）を憚《はばか》り上洛はいたしません。このさい、何なりとも御下命《ごかめい》くださらば、抜かりなく働く所存でございます。（中略）

恐々謹言。

（永正十七年）二月十七日

（細川）澄元判

畠山式部少輔（順光）殿

つまり、かねて細川澄元は播磨の赤松義村を通じて義稙に恭順を誓っており、義稙も高国に見切りをつけ、澄元を赦免し、彼に細川家督（執政）の地位を与えようとしていたことがわかる。

はたして、逃げ帰ってきた高国が、近江へ逃亡しようと申し出たのにたいし、義稙は拒否して京都を動かないことを宣言した。

やむなく高国は、将軍や幕府を放置して近江へ奔った。その事情を諸記録は「右京大夫（高国）上洛、一宿江州《ごうしゅう》に落ち行く。（中略）室町殿の御供《おんとも》申すべき由、申入る歟《か》。（義稙の）御承引なしと云々」（『元長卿記』）とか、「今度公方様、澄元一味にて、京に御座《ござ》候なり」（『細川両家記』）などと報じている。

三月半ば、澄元は伊丹城に進駐し、先鋒三好之長が入京した。

ところが高国は近江で勢力を挽回し、六角・京極という近江の二大名の軍勢を借り出すことに成功、また丹波の高国方の守護代内藤貞正の軍も加わり、五月五日、京都の三好軍を挟撃して三条等持寺《とうじじ》で四国軍を殲滅させた（等持寺の合戦）。澄元に乗り換えようとした義稙のもくろみはまったくはずれたのである。

京都に凱旋した高国は、五月十二日に義稙に拝謁している（『二水記《にすいき》』）。しかし両者の対面は何ともバツの悪いものだったにちがいない。義稙が高国の敗北を望んでいたことは明らかだったからだ。高国もその事情は知っているから、もはや義稙の意志にしたがおうとはしなくなった。

当時、公武間で最大の懸案は、遅れに遅れていた後柏原天皇の即位式をいつ行うかであった（践祚《せんそ》以後二十年が過ぎようとしていた）。高国は義稙に諮《はか》りも協議もせず、勝手に手続きを進めていた。

いよいよ、あと十三日で即位大礼挙行と決まった大永《たいえい》元年（一五二一）三月七日の夜、義稙は近習の畠山順光ほか二、三の奉公人のみをしたがえ、ひそかに京都を出奔した。公卿鷲尾隆康《わしのおたかやす》の日記（『二水記』）は、

昨晩、将軍様がひそかに京都を出奔されたということだ。理由はいったい何だろうか。人々は狼狽《ろうばい》し、物騒なことおびただしい。（中略）おそらくこの頃、御下命にしたがわぬ事共《ことども》が多く、御憤懣のあまりこの挙に出られたものか。

と報じている。義稙は大礼の警固を高国の指図で行わねばならぬことに堪えられな

かったのであろう（ちなみに、大礼はぶじ挙行された。天皇五十八歳という高齢であった）。義稙は、淡路島一帯に根を張っている水軍（海賊）の安宅《あたぎ》氏を頼り、洲本《すもと》近辺に落ち着いた。義稙最後の逐電となった三月七日の日付で、近衛尚通に宛てた義稙の御内書《ごないしょ》が陽明文庫に収められている。

天下の政治について、何かと命令に応じないので、堪忍なり難く、急に思い立った（京都を出奔した）。現在の状況でこうなったことに、おそらく「何といいかげんな」と呆《あき》れられるのではないかと思うが、なにぶん、思い通りにならぬので、このようなことになった。（中略）今少し気永《きなが》に様子を見てお待ちくだされば有難い。（中略）

謹言。

（大永元年）三月七日　（義稙）（花押）

（注・宛所欠、近衛尚通カ）

この手紙から察するに、義稙の出奔は確たる見通しがあってのことではなかったにちがいない。五月三日には、「高国退治《たいじ》について、淡州に至り御座を移さる。近日御帰洛の上は、早速馳《は》せ参じ忠節を致さるべし」という檄《げき》を畿内近国の武士に飛ばした

（『小佐治《こさじ》文書』）が、したがう武将は出てこなかった。海賊の安宅氏ももてあましたとみえ、

公方様に味方する大名は一人もない。淡路水軍の連中は、公方様を堺《さかい》まで護送した

うえで放置し奉り、いままで仮住いの御所を放火して焼き払ったということだ。

と記録されるように（『祐維記《すけつなき》』）、十月末には和泉堺まで義稙を送り、厄介払いと

した。

正覚寺以来の忠臣、畠山尚順だけは義稙に忠誠を誓ったが、高国方の攻撃の前では

多勢に無勢で、義稙は阿波を目指して落ちのびた。撫養《むや》（鳴門市）の湊で御座船《ござぶね》が停

泊したとき、磯辺に狂歌を貼り出した者があった（『陰徳太平記』）。

誰《た》そやこの鳴門の沖に御所めくは

泊《とま》り定めぬ流れ公方か

義稙は大永三年（一五二三）四月、この撫養でさびしく病没した。五十八歳であった。

高国は足利義澄の遺子義晴《よしはる》を捜しだして将軍に擁立したので、義稙のことはやがて忘れられたが、京都の人々の評判はかならずしも悪くはなかった。『塵塚物語』には、つぎのように書かれている。

出奔されて遠方（阿波）へ移られてからは、京都の上下《じょうげ》の人々はみな、灯《ともしび》が消えてしまったような虚脱感にとらわれた。御在京当時に人々に語られていたこと、および出奔にあたりことづけられた事どもは、すべて「優しき御振舞《おふるまい》」であったと、最近までなつかしく追憶する人が多い。

あとがき

草思社の木谷編集長（当時）から、同社の月刊『草思』に連載の依頼があったのは昨年のはじめ頃のことである。連載といえば書評くらいしか経験のなかった私にとっては、いささか荷が重い話であり、急にはそのテーマが思いつかない。また短期間に、とうてい連載一年分の題材など見つかりそうにはなかった。

あとで種々推測し得たところによると、私にたいし急に連載の話がもちあがったのは、某氏の連載が、子細あって中断の形となり、やむなく筆者にお鉢がまわってきたらしかった。ともあれ何か書きはじめなければならない。せっぱつまったあげく、ひねりだしたテーマが、人物論であった。題して〝中世奇人列伝〟。

本書で取りあげた六人の人物のうち、最後の一人（足利義稙《よしたね》）をのぞき五人までが法体《ほったい》、つまり出家した姿で生涯を終えた人々である。しかしその五人のうち、本物の僧侶、すなわち宗教家と呼べる人は三人目の雪村友梅《せっそんゆうばい》だけで、あとの四人は何らかの意味で俗人に近い立場の人物と言える。一番目の法印尊長《ほういんそんちょう》は、後鳥羽院宮廷の院近臣《いんのきんしん》であり、またいわゆる僧兵の親玉的存在で、武士といって何らさしつかえない人。二人目の京極為兼《きょうごくためかね》は、主人の伏見天皇の出家にさいし、形のみ入道となったが、公卿界の中心人物であったことはまちがいない。四人目の広義門院《こうぎもんいん》も、夫である後伏見上皇の崩去にあたって落飾《らくしょく》、尼僧の姿となったもので、本来の僧侶ではない。五人目の願《がん》阿弥《なみ》は、外形は時宗僧侶だが、彼の本質は社会事業家である。

このように見てくると、尊長や願阿弥に典型的に見られるように、中世というのは、社会で活躍するためには、法体の姿というのが一定の便宜のあった時代であったことが知られる。これは一つには、中世が「権門体制」と呼ばれるように、公家・武家・寺社の三大勢力が共同統治を行っていた時代であり、寺院や僧侶が非常に強い世俗的権威をもっていたことが背景にあると見られる。それともう一つ、どのような俗人でも、晩年になると入道・出家し、法体の姿となって隠遁する慣習があったことも見逃せないと思われる。

京極為兼や広義門院は、たまたま主人や夫の死や出家に逢って落飾したのであるが、広く見れば、右の慣行にしたがったものと言うこともできる。出家とは、世俗の羈絆《きはん》を断ち切るのが本来の趣意なのであるが、為兼のように、出家後も依然として権力を握りつづけた例もあり、広義門院の場合は、出家後十数年経て、国王の地位にひっぱりだされることになったのである。だから出家とは一種の便法にすぎなかったとも言えよう。出家しなかった義稙は、右のような慣行がすたれつつあった戦国期の産物という見方もできるのではないか。

最後に、連載当時から編集を引きうけていただいた三浦岳氏に謝意を表して擱筆《かくひつ》することにしたい。

二〇〇一年九月

中国敦煌の客舎にて　　今谷　明

文庫版へのあとがき

本書の元版は、草思社のPR誌、月刊『草思』の二〇〇〇年五月号から翌年四月号へかけて、「中世を人はどのように生きたか」と題して連載したものである。

草思社と著者との関係を言えば、以前、拙著『中国の火薬庫』（集英社）のあとがきにも書いたことだが、私は草思社や白水社の探検モノの本が好きで、ピーター＝フォーバスの『コンゴ河』等を愛読していた。また一九九四年から三年に亘り続けていた朝日新聞の書評委員時代に、草思社刊の本を取上げたこともあり、草思社の旧社長にも注目されていたらしい。

そういう縁もあって、月刊『草思』には、一九九九年七月号に「私の思想形成前史」として、今谷の史学研究の萌芽みたいなものを書かせて頂いた。その翌年から連載を引受けた訳だが、たしか当時連載中の福田和也氏の原稿が中断したので、今谷にお鉢が回ってきたように記憶している。

ともあれ、右の連載が『中世奇人列伝』と題して同社から刊行されてからでも十八年が経過している。老先き短い身にとって、昔の著書が文庫版となって再刊されることは、誠に光栄であり、嬉しいことである。以下、六人の人物について若干評言を加えたい。

冒頭の法印尊長については、同じ後鳥羽上皇の院近臣《いんのきんしん》で、本文でも牛車の駆け争いで言及している葉室光親の方を取上げたかった。承久討幕について、光親は院宣を書出した人物として罪科の筆頭にあげられ処刑されたが、泰時がいたく後悔したようにそれは冤罪《えんざい》で、光親には罪を一身に引受けようという潔さがあった。第二次大戦後の日本にも、こんな忠臣は見出されず、当時から光親は〝天下の賢人〟と称えられていたが、彼の前半期の史料が少なく、止むなく尊長の方を取上げたのだ。

二番目の京極為兼は、旧著出版後の二〇〇三年、ミネルヴァ評伝選の最初の一冊として同じ今谷の筆で出版された。従って為兼伝としてはミネルヴァの一冊本を見て頂きたいが、佐渡配流の経緯については詳述してある。ただ草思社の旧稿で為兼を正応徳政の中心人物としたのは誤りで、本文庫版では和歌の家出身の故、徳政には関わらなかった旨、訂正しておいた。

雪村友梅については、今谷が草思社本より早く『元朝・中国渡航記』（宝島社）で取上げており、武部健一氏の訪中等もあって一時は中国湖州市や新潟県長岡市で騒がれたこと、奇人列伝の末尾に「友梅の再発見」として略述したとおりである。

次の広義門院寧子については、拙稿「観応三年広義門院の『政務』について」（拙著『室町時代政治史論』二〇〇〇年）で言及し、ついで拙稿「女院の政務」（『創造の世界』一〇九号）でも言及したが、ポイントは彼女が政務就任後発動した「天下一同法」にある。後村上天皇の〝正平一統〟から、後光厳天皇の〝観応一統〟に戻すのに何故彼女の存在が必要であったかを理解してもらいたしと切望する者である。二〇一七年刊の亀田俊和氏著『観応の擾乱』（中公新書）はこの前後の政治情勢を論じた労作であるが、残念ながら「天下一同法」には言及されていない。

次の願阿弥は、横井清先生の先行研究がある。横井先生は今年（二〇一九年）四月急逝された。本文庫本を先生の霊前に謹んで捧げたいと思う。

最後の足利義稙については、とくに言及することはない。

結びに当って、月刊『草思』時代の編集を担当された三浦岳氏、またこの文庫化に当って種々御配慮いただいた木谷東男氏、藤田博氏には、それぞれ篤く謝意を表する者である。

今谷　明

二〇一九年六月

図版提供者・所蔵者一覧（敬称略）

『天狗草紙絵巻』狩野晴川院養信〈一一頁〉
（東京国立博物館　Image: TNM Image Archives）
重文『駿牛図断簡』〈二二頁〉（藤田美術館）
『鳥獣人物戯画』〈二五頁〉
（東京国立博物館／高山寺　Image: TNM Image Archives）
北条政子像〈三一頁〉（安養院）
『絵本徒然草』『京極為兼』〈四七頁〉（明治書院、筑摩書房）
『天皇摂関御影』〈六二頁〉（宮内庁三の丸尚蔵館）
花園上皇画像〈六六頁〉（京都国立博物館／長福寺）
雪村友梅画像（八九頁）（長岡市立中央図書館文書資料室／建仁寺内九昌院）
『太平記絵巻』〈一三三頁〉（埼玉県立歴史と民俗の博物館）
賀名生御所〈一五七頁〉（今谷明）
『天皇摂関御影』〈一六五頁〉（宮内庁三の丸尚蔵館）

『一遍上人絵伝』土佐吉光〈一七一頁〉
（東京国立博物館　Image: TNM Image Archives）
『三十二番職人歌合』〈一八七頁〉（サントリー美術館）
足利義稙像〈二一一頁〉（桑原英文／等持院）
日野富子木像〈二三一頁〉（宝鏡寺）

＊本書は、二〇〇一年に当社より刊行した著作を文庫化したものです。

草思社文庫

中世奇人列伝

2019年8月8日　第1刷発行

著　者　今谷 明

発行者　藤田 博

発行所　株式会社 草思社

〒160-0022　東京都新宿区新宿1-10-1
電話　03(4580)7680(編集)
　　　03(4580)7676(営業)
　　　http://www.soshisha.com/

本文組版　有限会社 一企画

印刷所　中央精版印刷 株式会社

製本所　中央精版印刷 株式会社

本体表紙デザイン　間村俊一

ISBN978-4-7942-2411-8　Printed in Japan

草思社文庫既刊

渡邊大門
奪われた「三種の神器」
皇位継承の中世史

壇ノ浦の戦いから後南朝の時代まで、「鏡・剣・玉」という皇位継承のシンボルをめぐって壮絶な争奪戦が繰り広げられた。さまざまな事件の詳細を通じて、変わりゆく三種神器観の変遷を鮮やかに描く。

渡邊大門
光秀と信長
本能寺の変に黒幕はいたのか

光秀の決断にはどのような背景があったか。朝廷や足利義昭の策謀はあったのか。史料を縦横に駆使して信長、光秀の人物像を再構築し、今なお論争の絶えない本能寺の変の真因をさぐる。

工藤健策
戦国合戦 通説を覆す

なぜ、幸村は家康本陣まで迫れたのか?　なぜ、秀吉は毛利攻めからすぐ帰れたのか?　地形、陣地、合戦の推移などから、川中島から大坂夏の陣まで八つの合戦の真実を読み解く。戦国ファン必読の歴史読物。

草思社文庫既刊

野口武彦
幕末不戦派軍記

慶応元年、第二次長州征伐に集まった仲良し御家人四人組は長州、鳥羽伏見、そして箱館と続く維新の戦乱に嫌々かつノーテンキに従軍する。幕府滅亡の象徴する〝戦意なき〟ぐうたら四人衆を描く傑作幕末小説。

野口武彦
幕末明治 不平士族ものがたり

明治という国家権力に抗い、維新のやり直しに命を捧げた男たちの秘史。挙兵を企てた旧会津藩士と警察官との激闘「思案橋事件」、西南戦争での西郷隆盛の最期を巡る一異説「城山の軍楽隊」など八編。

野口武彦
異形の維新史

戊辰戦争でのヤクザたちの暴走、岩倉使節団の船内で起きた猥褻事件を伊藤博文が裁く「船中裁判」、悪女・高橋お伝の「名器伝説」など七編。これまで語られることのなかった幕末維新綺譚集。

草思社文庫既刊

渡辺尚志
百姓たちの幕末維新

当時、日本人の八割を占めた百姓。明治期に入ってからの百姓たちの衣食住、土地と農業への想い、年貢をめぐる騒動、百姓一揆や戊辰戦争への関わりなど史料に基づき、詳細に解説。もう一つの幕末維新史。

仁科邦男
犬たちの明治維新
ポチの誕生

幕末は犬たちにとっても激動の時代の幕開けだった。外国船に乗って洋犬が上陸し、多くの犬がポチと名付けられる…史料に残る犬関連の記述を丹念に拾い集め、犬たちの明治維新を描く傑作ノンフィクション。

仁科邦男
犬たちの江戸時代

江戸に多いもの、伊勢屋稲荷に犬の糞、と落語でネタにされるほど江戸には犬が多かった。犬はいつから増えたか、なぜ犬の糞は放置されたか…史料から当時の犬の生態に迫る。**『伊勢屋稲荷に犬の糞』改題**

草思社文庫既刊

氏家幹人
かたき討ち
復讐の作法

自ら腹を割き、遺書で敵に切腹を迫る「さし腹」。先妻が後妻を襲撃する「うわなり打」。密通した妻と間男の殺害「妻敵討」…。討つ者の作法から討たれる者の作法まで、近世武家社会の驚くべき実態を明かす。

氏家幹人
江戸人の性

衆道、不義密通、遊里、春画…。江戸社会には多彩な性愛文化が花開いたが、その背後には、地震、流行病、飢饉という当時の生の危うさがあった。豊富な史料から奔放で切実な江戸の性愛を覗き見る刺激的な書。

氏家幹人
江戸人の老い

脳卒中による麻痺と闘った徳川吉宗。家族への不満を遺書にぶちまけた文人鈴木牧之。散歩と社交を愉んだ僧敬順。三者の生き様から普遍的な老いの風景が浮かび上がる。